上海视觉艺术学院出版资助项目

扇舞之韵

功夫扇文化全解

孙 静◎主 编

上海交通大学出版社
SHANGHAI JIAO TONG UNIVERSITY PRESS

内容简介

本书以功夫扇为线索，涵盖它在历史上的起源与演变、与扇子文化的关系，以及如何与中国传统文化融合，探讨功夫扇在中国武术文化中的地位和演变过程、功夫扇与中华传统文化的关系，揭示功夫扇所蕴含的哲学思想、道德观念和审美价值。本书将为初步学习功夫扇基础知识、了解功夫扇文化的学习者提供系统化的知识，激发他们的兴趣，鼓励他们参与到功夫扇的实践和表演中、了解功夫扇的精神内涵以及如何将其运用于现代社会生活和艺术创作中，从而推动功夫扇文化的传承与发展。

图书在版编目（CIP）数据

扇舞之韵：功夫扇文化全解 / 孙静主编. -- 上海：
上海交通大学出版社, 2025.9. -- ISBN 978-7-313
-33013-0

Ⅰ. G852.2
中国国家版本馆 CIP 数据核字第 20254T4F10 号

扇舞之韵——功夫扇文化全解

SHANWU ZHI YUN —— GONGFUSHAN WENHUA QUANJIE

主　编：孙　静	
出版发行：上海交通大学出版社	地　　址：上海市番禺路951号
邮政编码：200030	电　　话：021-64071208
印　　制：上海新华印刷有限公司	经　　销：全国新华书店
开　　本：710mm×1000mm　1/16	印　　张：13.75
字　　数：187千字	
版　　次：2025年9月第1版	印　　次：2025年9月第1次印刷
书　　号：ISBN 978-7-313-33013-0	
定　　价：78.00元	

编委会名单

主　编

孙　静

————

副主编

杨灏翔　张　波　王　宾　牛玉芝

————

编委会

史凯军　答英娟　陈健波　李　浩　苑　萍

陈　辰　沈贝琨　孙　科

前言

在弘扬中华优秀传统文化的背景引领下，国内很多高校积极开展传统体育项目，笔者查阅了各类资料并进行了调研，发现这一领域的理论知识零散且无系统性。

功夫扇作为一种独特的武术形式和艺术表演，自古以来一直在中国文化中占据着重要的地位。然而，对于目前功夫扇运动所面临的问题和挑战，我们必须正视。

1. 知识碎片化

目前，功夫扇的相关资料呈现出碎片化问题。通过官方数字资源平台如万方、知网、知乎等数据库进行查阅，发现资料稀少且分散，要在庞大的知识库里找到自己想了解的或者准确的专业知识，如同大海捞针。再搜索如今积极传播中华优秀传统文化内容的各大社交媒体平台，如抖音、小红书、B站等，结果也是不容乐观，不论是视频还是图文信息等都没有对功夫扇形成一个系统化的介绍。

与功夫扇相关的资料涉及的领域比较宽泛，仅仅查阅"功夫扇"，很难查到自己要的知识，因为有些知识分布在服装领域、舞蹈领域、艺术绘画领域甚至是非物质文化遗产领域，这使得寻找资料变得困难，许多人可能没有意识到需要查阅多方资源，也可能没有时间和精力去整合这些资源。这样一来，他们就很容易放弃查阅，更别提对功夫扇有系统化的认知。

面对这种资料比较泛化的现象，笔者认为非常有必要将这一中华优秀传统文化的知识进行梳理整合，普及给广大爱好或者有需要学习功夫扇文化的初学者。

2. 大众认知流于形式却领会不到功夫扇精神和文化内涵

你了解功夫扇吗？有想过你了解的功夫扇可能是片面的甚至是错误的吗？通过走访已经在学习功夫扇的人群，笔者有个很深的体会，那就是大家目前都只是停留在模仿动作的表面，只知其然不知其所以然。如果对于功夫扇的学习仅仅停留在表面，那么就会完全体会不到这一项目真正的乐趣，也就导致大家很难掌握如武术、太极这些瑰宝的奥妙。流于形式的学习是很难持续的，不仅会限制对功夫扇的深入研究和理解，也不利于这一文化推广，甚至会使其面临失传的风险。

功夫扇的发展需要人们不断地挖掘和丰富其中的文化内涵，形成完整的理论体系，为之注入长久发展的动力。因此，笔者认为非常有必要梳理出功夫扇文化的来龙去脉，并阐述清楚，让学习者了解功夫扇精神，将其贯穿在学习之中，使学习拔高一个层次。

3. 专业化和标准化欠缺

在功夫扇的教学和表演中，缺乏统一的教学体系和标准化的评价体系会限制其进一步发展。这使得学习者难以找到合适的培训机构和师资，并且缺乏一个公认的评价体系来评估他们的技能水平。为了解决这个问题，需要建立一个系统化的教学体系，包括教学大纲、课程设置和评估标准，以提高功夫扇的教学质量，培养出更多优秀的扇艺人才。

4. 人工智能技术的影响

随着人工智能技术的进步，人工智能可以非常快速地学习网络上零散的关于功夫扇的知识，而且会将这些知识快速输入自己的知识模型库。那么之后当大家用人工智能输出知识的时候，输出的很有可能就会是错误的知识，以讹传讹，误导学习。而当初学者去查阅资料的时候，其实是很难辨别信息真伪的。为了防微杜渐，作为功夫扇知识的传授者，有责任提前做好它的系统化学科知识的搭建，为之后的学科模型建设奠定一定的知识储备基础。

在本书中，我们将着眼于解决这些问题，探索功夫扇的魅力与潜力，普及功夫扇知识并将其传递给更广泛的群体。我们的目标是提供一本全面而系统的功夫扇普及读物，以帮助读者初步了解功夫扇的历史、技术和艺术性，并鼓励其参与到功夫扇的实践和表演中。

本书分为三部分。第一部分回顾功夫扇的历史和起源，对应绪论和第一章，深入探讨功夫扇在中国武术文化中的地位和演变过程。通过研究历史文献和传统艺术，我们将还原功夫扇的原貌，挖掘其中蕴含的文化内涵，并将其与现代社会相结合。

第二部分重点讨论功夫扇文化底蕴以及道具、服装的运用，对应第二、三、四、五章。我们将介绍不同流派和风格中的基本动作、技巧和编排，帮助读者从文化内涵、扇子的历史、服装等多方面理解和掌握功夫扇的实践方法和表演要点。同时，我们也将深入研究功夫扇与身体力量、呼吸、内功的关系，以帮助读者更好地体会和运用功夫扇的独特之处。

第三部分探讨功夫扇在现代的应用与传承，对应第六、七、八章。该部分探索功夫扇在舞台表演、艺术中的应用，以及功夫扇在健身、调理身心和增进内外协调方面的潜力。此外，我们还讨论了功夫扇的教学方法和培训体系，以期促进功夫扇的传承和推广。

本书旨在面向希望学习功夫扇的读者普及功夫扇知识。希望通过本书的阐述和引导，让大家比较轻松地获得系统化的知识。更多与功夫扇相关的资讯，也可关注"扇舞"公众号。希望更多的人能通过我们的努力，认识和了解功夫扇，扩大功夫扇运动的影响力。

本书的顺利出版，感谢上海视觉艺术学院的鼎力资助。编写过程中，有幸得到多位专家的悉心指导与热忱支持，同时上海视觉艺术学院功夫扇校队为本书提供了宝贵的素材支撑，谨向所有给予帮助的单位与个人深表谢意。

　　本书的编撰历时两年半，我们虽已倾注全力，力求臻善，但疏漏之处恐难完全避免，恳请各位读者不吝赐教，批评指正。

孙　静

2025 年 7 月 1 日

"扇舞"公众号

目录

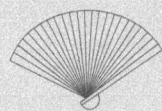

绪　论

功夫扇是一种将中国传统武术、舞蹈与扇文化相结合的表演艺术项目，更是一种文化载体，传承发展千百年来中华传统文化底蕴与哲学思想，有着独特的艺术魅力。

功夫扇的起源与中国传统的扇文化和古代的武术练习有着密切的联系。扇子在古代的日常生活中使用广泛。早期的武术家们发现，扇子的形态和手持方式与一些常见的武器，如刀、剑有一些相似之处，于是开始将扇子当作武器使用，研究如何更好地在实战中将扇子与武术动作相结合。武术家们通过对扇子的灵活运用，在练武过程中变换展开、折叠、旋转、挥舞等动作，展现出优雅的身法和独特的武术功夫。经过各个流派的长期探索与实践，扇子在武术中的使用技巧得到了系统而全面的发展，逐渐形成了功夫扇技术体系。

除了日常使用外，扇子还常在古代舞台表演中被用作道具。舞者们将扇子展开、旋转和挥舞，增添舞蹈的美感，增强视觉效果。后来，一些武术家们把舞台表演中的扇子舞动技巧与武术动作相结合，形成了独特的功夫扇表演形式。

功夫扇的起源并不是单一的，其发展过程既受到了各个流派剑术、刀术和拳法等武术形式的启发，又吸收了扇子在舞蹈表演中展现的美感和艺术性，还与中国传统文化密切相关。中国传统文化向来注重以柔克刚、以静制动，这种思想在功夫扇的表演中也得到了体现。功夫扇的表演动作通常以柔和、流畅的形式展现，强调身体的协调性和舞蹈的美感，与中国传统文化中追求和谐、平衡的价值观相契合。

一、功夫扇是扇与武术的结合

功夫扇的出现是一个长期演化的结果，并没有具体的形成时间，也不是由具体的个体或群体创立的。功夫扇的起源与流变，需要回顾扇文化和武术的发展历程。

从引风障日的五明扇到闺阁纳凉的团扇，从掩面遮羞的纨扇到开合风流的折扇，扇子在历朝历代都是人们生活中的常见用品。同时，扇子也被武术家们用作训练和表演的道具。起初，扇子主要是用来模拟武器使用的，帮助武术学习者熟悉各种招式和动作。随着时间的推移，扇子逐渐演化成一种独特的武术器械，形成了一套专有的技法和风格。而武术技巧中，扇子的开合、旋转主要得益于折扇的出现。

功夫与扇的结合

折扇的真正盛行是在宋朝。宋朝时期，折扇制作工艺得到了进一步的发展和改进，匠人们采用更加精细的材料来制作扇骨，如象牙、玉石、贝壳等，使得折扇更有分量感、更易操作。开扇时的突然发力、声如惊雷，可以震慑对手。合扇时又能化为短棍，戳、击、格挡等武术动作运用起来更加游刃有余。宽大的扇面旋转时可以迷惑对手，为下一招式的制胜创造时间与空间上的优势。扇子与身体各部位动作的结合，表现出武术的技艺与美感，从而形成了一种独特的武术项目——功夫扇。

二、扇技推动功夫扇的发展

扇技的发展与创新也对功夫扇的形成产生重要影响。扇技是指利用扇的形状和特点进行技巧表演和战斗训练。历经朝代更迭，扇技在发展的过程中形成了各种流派，呈现出多样化的技巧和风格。扇的形状和材质也在不断演变和创新，最初的扇子由竹子或薄木制成"单门扇"，后来逐渐演变为用丝绸或绢布制成团扇、折扇等。改进后的材质和形状使得扇具有了更好的灵活性和舞动性，同时也增加了扇技的技巧性和难度。

除了战斗中，扇技从中国古代起就被广泛应用于舞蹈和娱乐等领域。舞者们借用扇子的特点编排设计舞蹈，带来精妙的审美艺术体验。唐代扇舞的风格含蓄、柔美，歌者常用道具，执扇笙歌。唐代诗歌也频繁提及"歌扇"。例如，唐玄宗所作的《春中兴庆宫酺宴》写道："舞衣云曳影，歌扇月开轮"；诗人王建也在《田侍中宴席》提到"动摇歌扇露金钿"。这两句诗都描绘了歌者在宴会表演中舞动扇子的场景，展现了唐代宫廷生活的繁荣和华丽。到了宋代，扇舞逐渐程式化，仍沿用唐代"歌扇"文化，但与文人诗词结合得更紧密，尚文重学，扇子变得具有"雅趣"。

元明时期的扇子注重装饰，又因民间戏曲的繁荣发展延伸出更丰富的种类与用途。扇子在戏曲中的运用成熟，在舞台上的主要功能是标识人物形象，以传递人物信息为主。用扇子辅助剧中人做戏之姿势，使之趋于审美化，如《贵妃醉酒》之杨贵妃，《红梅阁》之慧娘。以扇子表现其人物情感、舞台技术，足见扇子在戏剧中功用之大。清代的扇舞风格潇洒倜傥、细腻百态。表演家们对扇的运用出神入化，技巧丰富；扇与人的统一达到了有无相生的境界。

中国戏曲运用道具讲究的是"虚拟"借代的手法，扇子起到了塑造人物的作用，同时扇子作为装饰品，对戏曲人物的感情、神态起衬托作用。很多戏剧曲目就以扇取名，比如《沉香扇》《桃花扇》《芭蕉扇》等。我们只需要通过一把扇子，就可以窥见戏剧人物的身份或者性格特征。演员在演戏时，文生用扇表达其潇洒，花旦用扇掩饰其娇羞，花脸以扇增加其威武，丑角用扇增添滑稽感。这些不同的扇子在他们手中使用自如，为舞台表演锦上添花。扇子在舞台上还有更多的妙用，非常考验演员的基本功，整体要做到"有扇如无扇，用扇不见扇"。因此，功夫扇还汲取了戏曲表演中的身段韵律，融合了民间艺术与实战技击。

三、功夫扇的精神内涵

功夫扇的出现与中国古代哲学思想及文化背景不无关系。中国古代的哲学思想强调以柔克刚、以巧胜拙，注重身体和内心的和谐统一。这种思想对武术的发展产生了深远的影响，也为功夫扇的诞生提供了理论基础。在中国古代的武术文化中，有一个重要的概念叫作"以形制神"。这个概念指的是通过不断练习和磨砺，使身体的动作和姿势达到一种完美的境界，从而达到身心的和谐统一。功夫扇作为一种武术器械，也要求练习者通过不断的训练，将扇的动作和身体的动作融为一体，达到"以形制神"的境界。在功夫扇的练习中，还有一个重要的概念叫作"意境"。意境是指练习者借由动作传达内心的情感和意志，通过姿势和动作展现自己的个性和风格。通过扇的开合、旋转、挥舞等动作，练习者可以表达出自己的柔和与刚猛、优雅与力量，以及内心的平静和自信。这种"意境"的表达让功夫扇在实战、表演和练习中都具有了独特的魅力。中国儒家文化以"仁、义、礼、智、信"为核心，注重道德修身和人际关系的和谐。功夫扇作为一种艺术形式和武术技巧，体现了这些价值观的融合和传承。

扇是功夫扇的基础，其本身在传统文化里就具有丰富的象征意义。扇子的形状代表了"天、地、人"三者的和谐关系，这种和谐是中国传统文化中一个重要的概念，强调了人类社会和自然环境之间的和谐关系。扇子的外侧代表天，因为它展开时呈圆形或半圆形，类似于天空的形状。扇子的内侧代表地，因为它展开时呈扇形，类似于大地的形状。扇子的骨架代表人，因为它由多条骨架组成，类似于人的骨骼。因此人们认为，扇子是一种体现"天、地、人"三者和谐关系的象征。这一观念可以追溯到中国古代的哲学思想，例如《易经》中就有"天人合一"的思想，它强调了人与自然之间的和谐关系。此外，扇子的颜色、图案和形状都有各自的寓意。例如，红色扇子代表喜庆，黄色扇子代表财富，白色扇子代表纯洁。扇子还被广泛应用于各种场合，如婚礼、传统戏曲和各种仪式等。

随着时代变迁，功夫扇逐渐成为一种独特的文化符号和艺术表演形式。它既可以用于武术的实战训练，展现练习者的技巧和力量，又可以用于舞蹈和表演，展现练习者的优雅和形象。功夫扇的表演形式丰富多样，有舞动如风、翻飞如云的快速技巧，也有轻盈婉转、柔和细腻的舞姿。表演形式和技巧的多样性，使功夫扇成为一种独具魅力的艺术形式。

总的来说，功夫扇得以形成与发展离不开武术家对扇子运用的创造性探索以及不同武术流派的影响。通过对扇子的研究和创新，武术家们发展出了独特的功夫扇技术体系并最终形成了一种集功夫、表演与竞技于一体的独特艺术表演项目，展示出精湛的武术技艺、艺术美感和深厚的文化内涵。

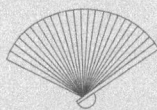

第一章

何谓功夫扇

美国著名营销专家阿尔·里斯（Al Ries）与杰克·特劳特（Jack Trout）于20世纪70年代提出定位理论，认为"定位就是令你的企业和产品与众不同，形成核心竞争力，对受众而言，即鲜明地建立品牌"。也就是说，定位能让品牌在消费者心目中占据最有利的位置，使品牌成为某个类别或某种特性的代表，当消费者有相关需求时，便会将定位品牌作为首选。当论及功夫扇时，对功夫扇的概念定位也是首先需要考虑的问题。

第一节　功夫扇的概念定位

功夫扇动作是为助力2008年北京奥运会，推动民族传统体育的广泛传播，由国家体育总局牵头，中国人民大学李德印教授负责创编的，以太极文化为根本的套路动作。它汲取了传统武术的精华，融合现代歌曲《中国功夫》构成了活泼新颖、节奏鲜明、刚柔并济的独特风格。

功夫扇是一种结合武术、太极动作和扇子技巧，具有突出的艺术属性且极具中国古典美学内涵的武术健身项目。其形成发展与太极哲

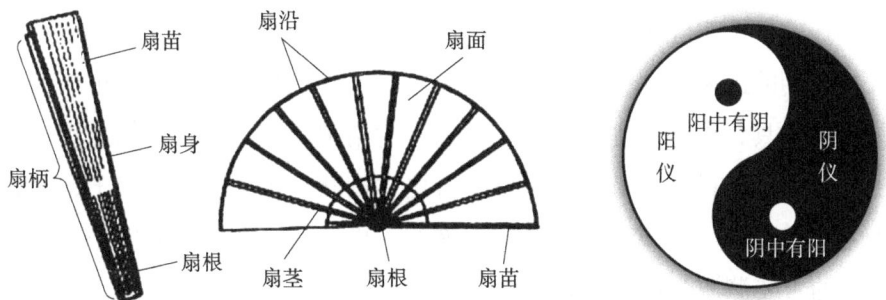

扇子的结构与太极

学密不可分。太极以阴阳平衡为理论基础，注重柔和缓慢，强调体用合一、随和而有力、以柔克刚的原理，与扇子的开合特点高度契合。太极哲学中的阴阳调和、体用合一等思想为功夫扇提供了理论基础与动作范式。

下面笔者将通过与太极扇的对比，阐明功夫扇的独特之处。

一、功夫扇和太极扇的联系

学者们对太极扇的定义有很多种，杨丽教授认为太极扇是继承传统的武术扇，在其基础上将太极拳与扇文化相结合进行大胆创编，既保留了太极拳的风格，又融合了扇术的特点，成为太极拳运动发展中别具一格的新内容。学者梁闻铭认为太极扇项目是同太极剑一样的太极拳器械类项目，是在太极拳基础上融合扇术形成的。张长念和张长思提出太极扇是以太极拳为基础，通过创新形成的太极拳衍生项目，不但为太极拳增添了时代气息还使太极拳更具时代魅力。近年来出现的太极扇项目的套路和种类包括杨氏太极扇、陈氏太极扇、太极功夫扇等。总结前人的观点可以发现，学者们对太极扇的界定万变不离其宗，将太极扇定义概括为，在太极文化及套路的基础上融合扇术进行创编的、具有时代特点的太极拳器械类新式套路。

功夫扇的形成与发展和太极也有着极其密切的关联。太极是一种以阴阳太极为理论基础的武术形式，注重阴阳平衡、柔和缓慢的动作，强调体用合一、随和而有力、以柔克刚的原理，这与扇子的本质十分相近。早期的武术家在研习太极拳理论的同时，也开始尝试将扇子作为一种辅助工具，以帮助理解和体会太极拳的精神层面。后来人们发现，在把扇子当作辅助的基础上，可以进行更多创新，于是逐渐将扇子运动融入太极拳当中，形成了后来独立发展的太极扇。可以说，太极是功夫扇产生的重要渊源和理论基础之一。

功夫扇与太极在动作特点、哲学思想、技巧和套路等方面相互借鉴、相互影响，共同推动了中国武术文化的传承与发展。太极作为中国传统文化的重要组成部分，强调阴阳平衡、柔和与刚猛相统一，与功夫扇的特性相得益彰。两者在以下方面展现了紧密的关联。

首先，功夫扇和太极扇都秉承了中国武术的精髓和哲学思想，都强调身体和精神的协调与和谐。武术强调内外兼修、刚柔相济的原则，追求身心的和谐统一。功夫扇和太极扇的练习都要求舞者在扇子的运动中保持内心的平静与专注，通过掌握扇子的技巧和身体的动作来达到身心的和谐。

其次，功夫扇和太极扇都注重身体的控制力和灵活性。在练习过程中，舞者需要通过扇子的展开、收拢、旋转等动作来增强身体的平衡感和协调性。这些动作要求舞者具备较高的身体素质和准确的动作控制能力，通过练习可以提高身体的力量、敏捷性和柔韧性。

再次，功夫扇和太极扇都注重内功的修炼。内功是武术的重要组成部分，它强调通过内部的气息和能量来驱动外部的动作。在功夫扇和太极扇的练习中，舞者需要通过深呼吸和身体的调整来培养内力、调和气息，从而使扇子的动作更加流畅、自然和有力。

最后，功夫扇和太极扇都强调艺术性和表演性。它们不仅是武术技术的展示，更是艺术精神的表达。舞者通过扇子的运动和身体的姿态，展现出独特的美感和艺术魅力。无论是功夫扇还是太极扇，舞者的动作都应该流畅而连贯，都应该具备舞蹈的美感和戏剧性。

功夫扇和太极扇作为中国传统艺术形式的代表，都体现了中华文化的哲学思想和文化传承。它们通过扇子的形式和扇舞的动作，展示和传承了中国智慧和价值观。

二、功夫扇和太极扇的区别

功夫扇和太极扇都通过扇子的动作带来艺术美感和观赏性。然而，太极扇更强调表演的身心调和，突出太极拳的技术和哲学背景。它强调以太极拳的原理和动作为基础，通过扇子的运动表达太极拳的柔和、流畅和内在力量。功夫扇则更强调扇子的功夫技巧和表演的武术特色。它侧重于扇子的运动技巧和视觉效果，突出扇子的速度、力量和技巧。两者的差异总结如下：

1. 核心目标

太极扇侧重健身养生和内在调和，通过扇子的展开、旋转和翻转等动作，增强身体柔韧性、协调性和平衡感，强调意念引导与气息调节，促进身体内部的能量流动，达到身心和谐运转，还兼具舞蹈的艺术性。

功夫扇注重武术技击性和表演张力，将扇子应用于攻击、防御和变化等方面，强调动作发出的速度和力量。通过快速、精准和矫健的扇子动作，以及气势磅礴的舞蹈编排，展现出功夫扇的独特韵律，达到震撼人心的表演效果。功夫扇表演还注重着装和形象的塑造，应选择合适的服装、配饰和舞台布置，增强视觉冲击力。

2. 起源脉络

太极扇起源于中国古老的太极拳，太极拳是内家拳的代表之一，强调以柔克刚、以静制动。扇起初主要是作为太极拳练习中的辅助工具，用于帮助练习者更好地理解和体验太极拳的内在意义。随着时间的推移，太极扇逐渐发展成为一种独立的表演形式，融合太极拳与扇术，形成现代太极扇，具有独特的舞蹈风格和艺术表现力。

功夫扇与中国传统功夫有着密切的关联。功夫扇的起源可以追溯到古代的武术练习中，扇子被用作一种武器，可以用于攻击、防御和诱敌等目的。随着时间的推移，扇子的使用逐渐演化为一种特殊的武术技巧，并与舞蹈和表演相结合，形成了独特的功夫扇表演形式。

需要注意的是，太极扇和功夫扇的起源虽然有所不同，但它们在发展过程中存在着互相影响、相互借鉴。太极扇在发展过程中吸收了太极拳的哲学和内在原理，注重舞蹈表演和身心调和；功夫扇则更强调武术技巧、动感、力量和表演效果。两者各有特点，各具独特的魅力，适合不同的舞台表演需求和个人喜好。

3. 动作特点

太极扇从太极拳衍生而来，其动作缓慢、柔和、稳定，注重内在力量的发挥、身体的放松、呼吸的调节。太极扇的展开与收拢循序渐进，注重呼吸与动作的配合，使整个表演过程呈现出一种优雅、柔和的美感。舞者以缓慢流畅的动作传达太极拳的哲学原则，如以柔克刚、以静制动等，传达一种内外兼修、柔中带刚的和谐之美。太极扇注重身体的平衡和协调性，通过细腻的手臂和躯干动作展示出太极拳独特的艺术风格。

功夫扇源于中国传统武术，其动作迅猛、灵活，强调爆发力和节奏变化，有利于展示武术的力量和技巧。扇的展开和收拢间夹带着快速的旋转、翻转和抖动动作，给人以迅雷不及掩耳之势的视觉冲击。舞者以灵活的身体动作，如跳跃、转身、倒地等配合扇的转动，创造出动感十足、视觉效果强烈的表演，使观众感受到一种力量与美的结合。

动作特点和表演风格的差异体现了两者不同的艺术追求和精神内涵。功夫扇以其迅猛、灵活的动作和力量感，展示了武术的威武和技巧；太极扇则通过缓慢、柔和的动作和内在力量的发挥，传达了太极拳的柔和、平衡以及和谐之美。

4. 设计特点

功夫扇和太极扇在设计与图案上也有明显的区别，体现了不同的审美取向和文化内涵。

太极扇的图案通常以太极八卦图为主题，以阴阳相互转化、无限循环的哲学思想为基础。太极八卦图由阴阳两仪和八个卦象组成，具有丰富的哲学内涵。太极扇上的图案多以太极八卦图的变形、演绎或简化形式呈现，以简洁而富有韵味的线条勾勒出太极的动态平衡和无限变化。这种设计风格强调了太极拳的哲学思想，同时展示了太极扇独特的魅力。

功夫扇的设计比较多样化，常以传统文化符号作为图案元素，其寓意是吉祥和力量。龙是中国文化的象征之一，功夫扇上经常出现龙的图案，展现了威武之姿，传达了神秘感。凤是中国传统文化中的吉祥之物，功夫扇上的凤图案象征着幸福和美好。此外，花鸟等传统元素也常出现在功夫扇的设计中，增添了一种亲近自然的意境。

两种扇舞形式在设计与图案上的区别体现了不同的审美观念和文化传承。功夫扇以传统文化元素为主题，强调吉祥和力量；太极扇则以抽象化的太极八卦图为主题，强调阴阳的平衡和变化。

5. 应用意义

太极扇以其缓慢、柔和的动作和内在力量的开发，对身心健康有着积极的影响，成为广泛流行的健身方式。练习太极扇可以增强身体的柔软度和平衡能力，促进血液循环，缓解压力，提高人体免疫力。同时，太极扇也是文化传承的载体，传递了太极哲学思想，展示了中华传统文化的魅力。

功夫扇也是一种优秀的锻炼身体方式，对动作迅猛有力的要求，使练习者在训练中可以增强身体的柔韧性和肌肉控制力量，提高身体的协调性和反应能力。此外，功夫扇注重舞台表演与竞技展示，注重打造视听冲击，通过多样化的技巧表演来展现力量、速度和灵活性。

功夫扇不仅在舞台上有着广泛的应用，在电影、电视等媒介中也得到了展示。许多功夫电影中都会出现作为武器的扇子和舞蹈元素的结合。这些电影通过精妙的动作设计和拍摄手法，将功夫扇的魅力展现给观众，使人们对这种艺术形式产生好奇和兴趣。

功夫扇还在国际舞台上得到了广泛的认可和欢迎。许多个人表演者和舞蹈团体在参加国际舞蹈比赛和文化交流活动时，会选择功夫扇表演展示中华文化的魅力和独特性。这种跨文化的艺术交流不仅促进了不同国家和地区之间的文化交流，也使功夫扇舞在世界范围内得到了更广泛的认知和欣赏。

第二节　功夫扇的特色与风格

作为一种武术项目，功夫扇注重运用扇子的各种开合、扩张、旋转等动作，并结合身体的控制力与协调性。这需要练习者长期训练，掌握扇子的各种基本技巧与招式，且能将其与身体各部位的动作完美结合，以达到实战目的或实现舞台艺术效果。功夫扇既具有武术的实战性，也兼具舞台表演的艺术性，融武术与艺术于一体。

作为一种表演艺术，功夫扇强调动作的流畅、迅速与优雅。功夫扇是一种将扇子作为武器与表演道具的项目。它突出了武术精髓和舞台技巧，强调技巧的掌握与运用，旨在通过扇子运动来展现身心的协调、表现艺术品位。

功夫扇动作在演示的过程中注重精气神，所以练习者需要融合扇法与身法，通过熟练多变的扇子运用和灵活流畅的身体表现，将表演提升到一种艺术层次。经过多年的探索和发展，如今的功夫扇展现出如下特色与风格。

1. 动作迅速灵活

与日常生活中使用普通扇子的方式相比，功夫扇更注重对扇子开合、翻转和击打等动作的掌握。这些动作需要做得快速又流畅，且富有变化性。练习者需要经过长时间的训练，才能掌握，使扇子在空中的运动准确无误，流畅自然，具有动感和美感。

2. 力度控制

功夫扇注重动作的力度控制。开合时力度要适中，击打时力度要增加，这样既兼顾技巧的运用，也有利于动作的施展、节奏感的把握。

3. 形态优美

功夫扇的每个动作都有完整的形态，如同舞蹈般优雅流畅。动作的开始与收束要连贯流畅，在整体的视觉上要成为一个完整的图形。通过扇子的运动和舞蹈动作，创造出独特的舞台效果。扇子在空中翻转、旋转、开合，形成美丽的图案和流畅的线条，给观众带来视觉上的享受。

4. 动静结合

功夫扇注重静止时的姿势美与运动时的流畅性，同时强调动作的连贯性与节奏感，使整套动作呈现出张弛有度的效果，既展现了武术的力量和爆发力，又保留了扇舞的优雅和柔美。

5.体现个性

练习者可以根据自己的个性和风格，自由添减动作的细节，通过不同的扇子运动和身体动作呈现不拘一格的花样，赋予个人风格，塑造出独特的个人魅力。扇子的翻转、旋转、开合等可以在不同的节奏和舞蹈动作中进行组合，呈现出多样化的表演形式。

功夫扇在武术动作中的应用

功夫扇是一种结合了中国传统武术和扇舞艺术的项目，而扇舞在历史上经历了多个时期的演变和发展，呈现出不同的特色，具有不同的审美标准。其承载着丰富的文化内涵，在戏曲表演中发挥了重要的作用。随着时间的推移，扇舞逐渐与武术元素相结合，形成了功夫扇。它兼具扇舞的柔美和武术的力量与技巧，在表演时，运用扇子展示精准的动作和灵活的身法，借助扇子在空中的翻转、旋转、开合，制造华丽的视觉效果。

功夫扇植根于中国传统武术，因此练习者在掌握扇的使用技巧，包括扇的开合、旋转、翻转等动作的同时还需要展现出武术的力量、身法和节奏感。练习者通过扇的运动和身体的配合，表达出自信、灵动、力量和优雅的气质。

功夫扇作为一种艺术形式，既展示了扇子的美感和舞蹈的艺术性，又体现了中国武术的独特魅力。它将扇舞的柔美与功夫的力量相结合，形成了一种独特而精彩的表演形式，成为中国文化艺术的一部分，在国内外广受欢迎。功夫扇展示了中国传统文化的魅力和多样性，同时也接续了传统发展的历史脉络。

从发生学的角度来讲，中国武术同舞蹈、绘画、雕刻等艺术的出现存在着同质性，都是以生产劳动为前提。这种共同之处意味着武术在本质上是具备艺术属性的，武术的艺术属性是中国武术本质的重要内容。作为武术项目之一的功夫扇，同样具有艺术的属性。从艺术角度来看，功夫扇展现了优雅、流畅和独特的动作，通过扇子的展开、折叠和甩动等动作，舞者可以表达情感、展示技巧、营造艺术美感。扇的动作经由审美意象营造，展开一幅幅意趣横生的艺术画卷。

同时，功夫扇也是一种全面锻炼身体的运动形式，可以锻炼手臂、肩膀、腰腹和腿部等部位，提升身体的灵活性，改善人体健康。此外，功夫扇还承载了中国传统文化的重要内涵，整体风格特点处处体现着中国古典美学的内涵，如"人扇合一"的和谐美、"声色并茂"的壮丽美、"气韵生动"的意象美、"天人合一"的意境美。

第三节 功夫扇的文化底蕴

一、艺术元素

功夫扇融合了丰富的艺术元素，在材料选择、表演编排、艺术表现等方面都有着独特的内涵。在材料层面，扇子材质的选择为功夫扇的艺术设计带来质感体验。在形式层面，扇子灵活多变的动作以及这些动作的编排组合，成为功夫扇的艺术特色。在意蕴层面，功夫扇表现了中华传统文化的内涵与智慧。

要对功夫扇项目进行系统的分析，首先要理清它的结构层次。中国古典美学对审美结构层次的分析，最具代表性的可以说是三国时期王弼在《周易略例》里对言、象、意之关系的分析："夫象者，出意者也。言者，明象者也。尽意莫若象，尽象莫若言。言生于象，故可寻言以观其象。象生于意，故可寻象以观其意。意以象尽，象以言著。故言者所以明象，得象而忘言。象者所以存意，得意而忘象。"可见，言、象、意是一个由表及里的审美结构层次。人们首先接触到的是言，其次"窥"到的是象，最后领会到由象所表示的意。以西方美学观之，黑格尔在《美学》第一卷中把艺术作品分为"外在因素"和"意蕴"两个层次；桑塔亚纳把艺术作品分为材料、形式和表现三个层次；杜夫海纳把将艺术作品分为质料、主题和表现性三个层次。中西方美学思想在艺术作品层次划分上的不谋而合，充分说明了艺术规律的共通性。

功夫扇融合了多种艺术元素，展现了丰富的艺术属性。以下从不同层面对功夫扇的艺术元素和艺术属性进行描述。采用叶朗在《美学原理》中提出的划分方式，将艺术作品的结构层次分为材料层、形式层和意蕴层。

（一）材料层

在材料层，功夫扇的艺术元素体现在扇子和服装的选择和运用上。扇子的材质选用和制作工艺对功夫扇的艺术表现具有至关重要的影响。传统功夫扇常采用竹骨或木骨制作，扇面则使用丝绸、纸、绢等材料。这些材料的质感、颜色和纹样能够影响扇子的视觉效果和手感，从而增强艺术体验。此外，功夫扇的服装也是其艺术元素的重要组成部分。服装的颜色、设计和质地需要与扇子的材料相协调，形成整体的艺术效果，使舞者在表演中展现出优雅、灵动的形象。

（二）形式层

在形式层，功夫扇的艺术元素主要体现在配乐、动作和舞台表演等方面。配乐是功夫扇舞蹈中不可或缺的艺术元素之一。合适的音乐可以与扇子的舞动相契合，增强表演的节奏感和律动感，进一步丰富艺术体验。功夫扇的动作包括扇子的展开、舞动和变化等，这些动作的完成要求舞者具备出色的身体控制力、协调性和高超的舞蹈技巧，动作既要做得准确，又要呈现出流畅、优雅的动态美。舞台表演则是功夫扇艺术的重要展示形式，通过舞台布置、灯光和舞美设计等，营造出适合功夫扇表演的氛围和场景，使观众能够全面感受功夫扇艺术的魅力。

（三）意蕴层

在意蕴层，功夫扇的艺术元素主要体现在传统文化的维度。功夫扇承载着丰富的文化内涵和历史传统，扇面上的图案和文字常常反映特定的文化传统、价值观和审美观念。通过扇面上的装饰等元素，功夫扇能够传递特定的文化意义和象征意义，展现中国传统文化的独特魅力。同时，功夫扇的舞蹈动作和表演形式也常常与特定的文化背景和历史故事相结合，传承相关的文化遗产，使观众能够深入感知中国传统文化的魅力和智慧。

二、文化出处

功夫扇源于中国悠久的武术与表演文化，在发展演变过程中也深受儒家、道家等思想的影响。它体现了和谐、随和、讲究内功修养等文化理念，具有深厚的历史底蕴和文化内涵：

• 离不开扇子的起源和发展，而扇子作为生活工具和艺术道具深入民心；

• 体现了中国传统美学思想，如优雅、韵律、优美等观念；

• 体现了武术精髓，如刚柔并济、生生为易等理念；

• 在传统文化艺术活动，如舞蹈、戏剧等中发挥着重要作用，成为文化符号；

• 与多种艺术，如书画、装饰工艺等协调发展，丰富多彩。

功夫扇文化可以追溯到中国古代的扇文化。扇子在中国历史上扮演着重要的角色，早期，扇子就已经成为人们生活中常见的物品，作为一种实用工具，得到了广泛使用，并逐渐演变成了一种艺术形式。中国古代文人雅士常常借助扇子来表达情感和思想，扇子也在宫廷舞蹈和武术中得到了广泛应用。

功夫扇运动体现了中华传统文化中的和谐与平衡的理念。中国传统文化注重人与自然的和谐相处，追求内外协调、阴阳平衡的境界。功夫扇通过舞蹈表演，展示了舞者与扇子之间的和谐互动，体现了人与物的统一，以及人与自然的和谐共生。功夫扇还传递了中华传统文化中的柔韧与刚健的思想。中华文化崇尚柔性的力量，认为柔能克刚。功夫扇的动作和手法中融入了柔和而流畅的元素，展示了柔韧性的优势。同时，扇子本身又是坚韧而稳定的，体现了中华文化中对刚健力量的追求。

此外，功夫扇彰显了中华传统文化中的美学与艺术追求。中国古代文化对美的追求体现在艺术、文学、音乐等方方面面。功夫扇通过舞蹈动作和扇面的艺术表现，体现了中国传统美学的特点，展现了中国古代文人雅士的风采和审美追求。

功夫扇通过艺术表演和文化内涵的展示，向观众传递着关于和谐、柔韧的深刻的美学和哲学思考。同时，功夫扇文化的传承和发展也在推动中华传统文化的传承和弘扬，让世界更多地了解和欣赏中华文化的独特魅力。

第二章

传承功夫扇的重要角色

扇子在中国有悠久的历史和广泛的应用。随着时间的推移，扇子逐渐被引入武术训练与表演中，成为武术家展现技艺与修养的重要工具之一。扇子在形态和功能上都很适合与武术相结合。例如，它灵活轻便，具有很强的变化性；作为一种生活日用品，扇子较易获得，使用方便等。这些特征使得扇子成为武术融合的理想对象，从而形成了独特的功夫扇项目。扇子自身多样化的发展也对功夫扇带来意义深远的影响。

第一节　为何将扇引入功夫

一、扇子的变化历程

扇子历史悠久，可上溯至三皇五帝时期。相传，舜帝制作了"五明扇"。最早的文字记载是西晋时期学者崔豹撰写的《古今注·舆服》："五明扇，舜所作也。既受尧禅，广开视听，求贤人以自辅，故作五明扇焉。"五明扇古称为"箑"，形状如"阖"（《说文》："阖，门扇也。"），由他人持之，以示广开求贤之门。五明扇造型似单扇门，故又称"户扇"。冯梦龙《古今小说》中有一篇《游酆都胡母迪吟诗》写道："绛绡玉女五百余人，或执五明之扇，或捧八宝之盂，环侍左右。"

（一）扇子的种类

扇子为引风纳凉、遮日蔽尘之物，汉代曾名之为"障翳"。以下是几种有代表性的扇子种类：

1. 便面扇

目前所见最早的实物扇为春秋战国时期的扇子，系1982年3月出土于湖北沙洋县十里铺镇马山砖厂一号战国墓之竹扇。其扇形如古代之单边门扇，有如今之菜刀形。该扇距今已逾2 000年，制作之精良，工艺之完美，令人叹服。古代时，人们称这种竹制的"单门扇"为"便面"，即用来遮挡面部的扇形物。唐代颜师古注释《汉书》中相关内容时写道："便面，所以障面，盖扇之类也。不欲见人，以此自障面，则得其便，故曰便面，亦曰屏面。"沈从文在《扇子史话》中认为，当时上至帝王神仙，下及奴仆烤肉，灶户熬盐，无例外地都要使用这种便面。

2. 团扇

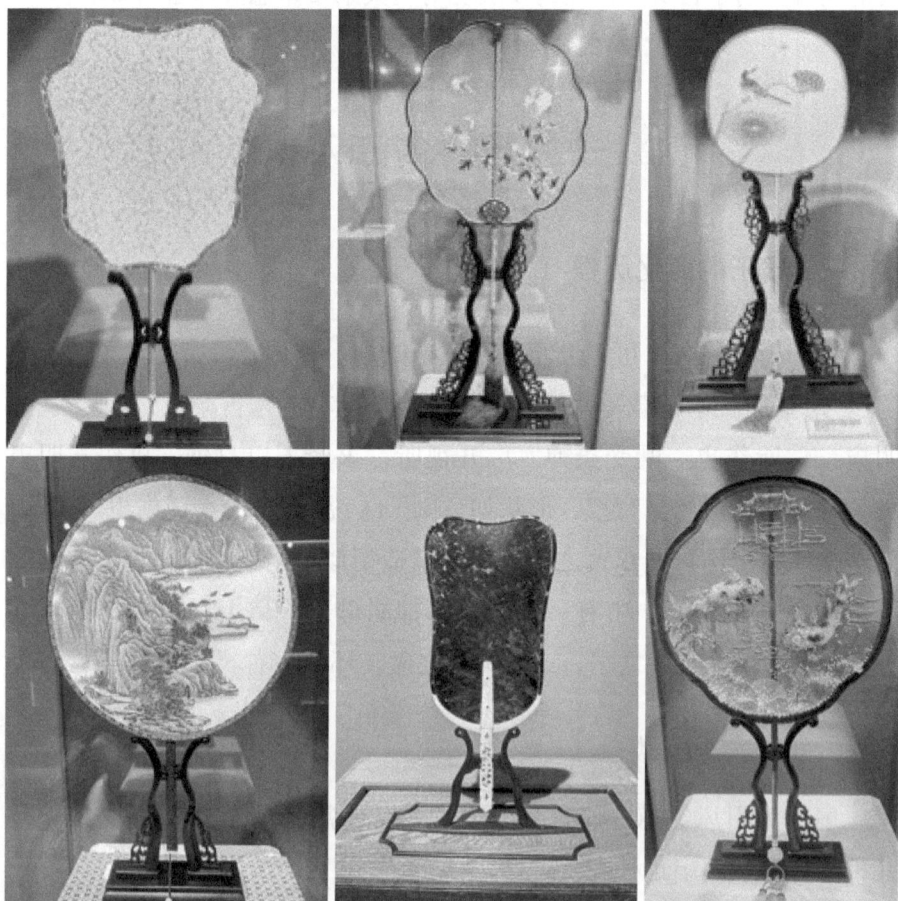

团扇种类
（图片来源：扇博物馆展览）

团扇亦称"宫扇",因形似圆月,且宫中多用,故称宫扇。团扇边框及柄以竹制,扇面用洁白的丝绢,上画山水楼台、花鸟虫草等。早期多为圆形,后乃有长圆、扁圆、梅花、葵花、海棠等样式。团扇精巧雅致,具有很高的美学价值。四川及苏杭的宫扇,制作最精、历史也最悠久。古纱、绫、罗、绢皆可为团扇面料,今唯以罗以绢,近则罗亦废,而多用绢制。从历代散见的咏扇的诗赋散文来看,团扇盛行于西汉至宋代的一千多年间,宋代以后又与折扇并驾齐驱,深受妃嫔仕女、文人雅士的喜爱。团扇在宫廷、民间通用,扇面以素绢两面绷之,或泥金,或瓷青湖色,亦有月圆、腰圆、六角之形,名人书画其上。柄用梅烙、湘妃、棕竹居多,亦有洋漆、象牙之类。就绢宫扇的造型而言,以圆似明月的居多,但其他形状的也不少,如六角形、瓜楞形、蕉叶形、梧桐叶形等等,其中海棠形、马蹄形、梅花形,是除圆形之外较常见的。

唐开元、天宝以来,圆如满月式样的团扇深得闺阁仕女喜爱。这在古诗词中多有反映,如:诗人王建的"团扇,团扇,美人病来遮面",杜牧的"银烛秋光冷画屏,轻罗小扇扑流萤",刘禹锡的"团扇复团扇,

唐　周昉《挥扇仕女图》
（图片来源：故宫博物院藏）

奉君清暑殿。秋风入庭树，从此不相见"。

唐朝上流社会还流行的一种长柄扇，称"掌扇"或"障扇"，是权贵们出行时"障面"的工具。《开元天宝遗事》记载："贵妃每至夏月，常衣轻绡，使侍儿交扇鼓风，犹不解其热，每有汗出，红腻而多香。"唐代周昉的《挥扇仕女图》中就画有一位侍者站立在一旁，手持长柄扇，为坐着的贵妇不停地扇风驱热。

3. 雉尾扇

魏晋南北朝时期，羽扇成了文人雅士的最爱，更是周瑜、诸葛亮这些名士的象征。苏轼形容周瑜："羽扇纶巾，谈笑间、樯橹灰飞烟灭。"羽扇亦名"雉尾扇"，是一种礼仪之扇，原是殷周时期，由侍者手执，用于帝王或贵族仪仗，为出巡者挡风蔽日、遮尘纳凉，所以又被称为"障扇"。周代时，从障扇的使用规模便可看出尊卑之序："天子八扇，诸侯六扇，大夫四扇，士二扇"，故而"障扇"亦称"仗扇"。但到了魏晋南北朝时期，王侯纷纷僭越使用这种雉尾扇。据记载，南朝宋孝武帝因忌惮江夏王刘义恭，曾下诏规定王侯障扇不许用雉尾扇，改用红色的朱团扇。

当时的文人士大夫还喜欢以麈尾扇自饰。"麈"是鹿群的领袖，鹿群的行动全看鹿王尾巴的摆动，因此，尤其是在清谈会一类的场合，手执麈尾扇有"领袖群伦"的含义。

雉尾扇　　　　　　　　　　　合欢扇

（图片来源：扇博物馆展览）

4. 合欢扇

两汉时期扇子开始变得实用化，出现了对称形状的"合欢扇"（又称宫扇、纨扇）。其形状尚圆，扇面为素白色，以扇柄为中轴，左右对称似圆月状。班婕妤诗曰："新裂齐纨素，鲜洁如霜雪。裁为合欢扇，团团似明月。出入君怀袖，动摇微风发。"此种对称式扇子出现后，历代沿用而不衰，成为我国传统风格的扇形。

5. 折扇

大约在北宋时期有了折扇，但并不流行，到了明代人们才开始大量使用。而今世多见之折扇，则系宋初由日本和朝鲜（高丽）传入，而盛行于明代。

于是，元、明、清三代，折扇艺术蔚成风气，尤为文人雅士所喜爱。或书或画，集欣赏与实用于一体，渐成传统文化之奇珍异宝，为世人所重。扇画之盛，首推两宋。宋代尚文息武，故画学灿烂。今日可见之宋代扇画多为团扇，水墨丹青，雅韵欲流，山水、人物、花鸟俱臻佳境。

至明清，扇画几至泛滥，名流庸手争相为之，目不暇接矣。逮至民国，以迄今日，人们于扇上书画仍热爱不减，或缘于其形制之玲珑而易收藏，或因乎其工艺精美而可把玩，至若名家书画之扇，则尤受宝爱珍藏。后世为文人雅士所喜爱之折扇，原称为"撒扇"，其流入之初，曾被认为是下贱之物。永乐皇帝朱棣垂青于折扇，赏赐众臣，始获推广。看来，雅俗嬗变，个中有许多内情不免让人惊讶。自明代中晚期后，折扇颇为流行，大有取代团扇之势。折扇的扇骨多为竹制，也有用红木、

折扇的魅力

（图片来源：上海市扇博物馆展览）

檀香木或象牙等珍贵材料制作的。折扇不仅实用，还能成为艺术品。扇骨上可以刻书画，供人欣赏。若为名家制作，更为珍贵。扇面上往往有画。我国的古代图画中，扇面画占有一定的地位。扇面上也常有书法家的笔墨，常常是一个画家作画，一个诗人作诗，书画并重。

（二）唐朝以来扇艺的发展

唐宋时期，扇子的制作工艺取得进步、逐渐改善。传统的扇骨材料如骨头开始被竹子、木头等更轻便的材料所取代。这些材料不仅使得扇子更加灵活，也更易于加工和雕刻。扇骨的制作工艺也得到改进，使得扇子的结构更加坚固和持久。

扇面上的图案。唐宋时期，扇子的绘画艺术得到了显著的发展。扇面上开始出现山水、花鸟等图案，这些图案不仅仅是装饰性的，还常常表达了一种文化意义。扇面上的绘画艺术成了一种重要的艺术形式，吸引了众多艺术家投身创作。

社交礼仪中的扇子使用。唐宋时期，扇子的使用成为社交礼仪的一部分。人们不仅仅用扇子来遮阳、驱蚊，也将其作为一种表达情感的工具。例如，扇子的开合速度和方式可以传达不同的情感，如喜悦、愤怒、羞涩等。扇子成为一种文化交流和情感表达的媒介。

宋代，折扇兴起。折扇古称"聚头扇"，或称撒扇、折叠扇，以其收拢时能够二头合并归一而得名。南宋时折扇的生产已有相当规模，题扇、画扇、藏扇之风盛行，并且出现了扇铺和画商，大大促进了制扇工艺的发展。

元明清时期，扇子的制作工艺更加精细，扇面的绘制技术达到了巅峰，出现了许多精美绝伦的扇子。扇面上的绘画艺术得到了极大的发展。制扇艺人在扇骨、扇面上利用各种艺术表现手法来博得人们的喜爱。在不足盈尺的扇面上，丹青高手巧运匠心，精心布局，不仅有传统的山水、花鸟图案，还出现了历史人物、戏曲角色等丰富多样的题材，小中见大，寄托了文人雅士的精神和神韵。同时，扇子的材料也更加多样化，除了竹子和木头，还开始使用象牙、骨材料等制作扇骨。扇骨的加工工艺也得到了改进，使得扇子更加坚固耐用。

扇子不仅仅是一种实用工具，也被视为具有文化价值的艺术品。人们开始将扇子收藏起来，作为一种收藏品在家中展示，或者作为礼物赠送给贵宾。扇子的制作工艺和绘画艺术成了一项重要的文化遗产，对后世的扇子制作和绘画产生了深远的影响。

（三）扇子的作用

扇子在历史上所扮演的重要角色贯穿于社交礼仪、艺术文学、习俗信仰、服饰时尚以及文化传承教育等多个领域。它不仅是一种实用工具，也是中华传统文化的重要组成部分，展现了中国人民的智慧、情感和审美追求。

1. 礼仪与社交

扇子在古代被视为一种重要的礼仪道具，人们在社交场合中使用扇子展示自己的教养和品位。扇子的使用方式、折叠方式以及摆动的速度和角度等，都有特定的社交意义和礼仪规范。扇子常用于示好、致意、赠送和接受礼物等场合，以表达人们之间的情感和尊重。

扇子作为社交礼仪的道具

2. 艺术与文学

扇子作为一种艺术品和文化载体，被广泛应用于绘画、书法和诗词创作中。扇子上的绘画作品和诗词往往与自然风景、文人雅士、历史典故等相关，展现了中国传统文化的审美观念和情感特质。从扇子艺术中也可以看出中国绘画和书法特有的笔墨技巧和表现方式。

3. 习俗与信仰

在一些传统节日活动或庆典中，如庙会、舞狮、舞龙等，人们用扇子表达对神灵和祖先的敬意和祝福。扇子在民间信仰中也具有驱邪避凶、辟邪祛病的作用，被视为一种护身符或避邪物品。一些地方还有扇子舞等民俗活动，通过扇子的舞动来祈求丰收、驱逐灾难。

4. 扇子元素在服装设计中的应用

扇子在古代被视为一种重要的时尚配饰，不同材质、工艺和图案的扇子可搭配不同的服饰，在不同的场合下穿戴。扇子的设计和制作与时尚潮流密切相关，反映了当时社会的审美观念和时尚趋势。另外，服装设计是指设计师们对衣服进行创造性、艺术化设计，风格、颜色和布料是服装设计的三个主要要素。近现代服饰设计者就从传统的扇文化中汲取养分并展开创作。服装设计中的扇子元素既包含了扇子的外在形态，又包含了制扇的内在精神。将扇子当作一个民族文化符号，以不同的形态体现于服装设计中，反映出中华民族独特的文化内涵和现代审美。20世纪80年代初，随着国风的兴起，人们对民族文化的认同感逐渐提高，汉文化的挖掘成为一种潮流，汉服配搭扇子成了时尚。因此扇子自古以来一直演绎着不一样的文化之美。

5. 文化传承与教育

扇子作为一种传统文化符号，承载着丰富的历史、文化和民俗知识，是教文育人的良伴，也是文化传承的载体。扇子的制作工艺、使用技巧和相关的文化背景被纳入一些文化遗产保护项目中。

功夫扇作为一种将扇子和功夫结合的形式，在历史上发挥过重要作用，在文化上具有较高价值。它既是武术与表演的结合，展示了中国传统武术的魅力，又是文化交流与推广的载体，促进了中华文化的传播。同时，功夫扇也关注身心健康和修身养性，成为人们追求健康和内心平静的方式。通过文化传承与教育，功夫扇有助于传承和弘扬中华传统文化的精髓。

（四）扇子表达的语言——扇密语

宋朝之前，民用扇子以葵扇为主，以锦、绫、绸、绢等珍贵丝制品制作的扇子称为"宫扇"，也就是人们所说的团扇，其呈扁平状，不能折叠，这种用料考究的扇子多在王室贵族中使用。折扇除了用来纳凉消暑之外，人们还用它发明了一种"扇语"，用以与情人交流、传情达意。当时的社会环境，相爱的男女不能在公开的社交场合中谈情说爱，这就使她们想出一种无声的交流方式——"扇语"。

扇密语，扇子在古代也被用来传递秘密信息。人们通过扇子上绘制的特定图案、字句或暗号，以及扇子特定的摆动方式，来传递隐藏的信息，或给出暗示、表达情感。这种被隐秘地传递出来的暗示、信息或情感，叫作扇密语，也称扇语或扇谜。下面让我们一起来探索扇密语的奥秘和魅力。

扇密语的传播方式多种多样，可以通过书信、诗词、绘画、戏曲等进行传达。扇子作为一种常见的日常用品，很容易成为隐秘信息的载体。通过特定的扇子折叠、扇舞动作、扇面图案等方式，人们可以传递复杂的信息，甚至像秘密会议的时间和地点、密码等重要内容都可以传递。

扇密语的使用和理解需要经过一定的学习。不同的扇子动作和编排代表着不同的含义，有些是公开的，有些则是私密的。只有学习和研究过扇密语，对"解密"方法有所了解的人，才能够准确解读其中的信息。这也增加了扇密语的神秘感，使得它成为一种高度隐秘的交流方式。

在社交场合中，扇密语可以用于展示优雅和智慧。通过精妙的扇子动作和编排，人们可以传递自己的情感和心意，与他人进行非言语的交流。扇子的展开、合拢、摆动、旋转等动作可以表达喜怒哀乐、欢迎、拒绝、询问、祝福等各种情绪和意图。这种非言语的交流方式使得社交更加丰富多彩，增加了人际关系的亲密性和趣味性。

在情侣间的交流中，扇密语也扮演着重要的角色，可以传达深情厚意和绵绵爱意。例如，用扇子轻轻拂过脸颊可以表达爱慕之情，用扇子抚摸手心可以表达思念之情，快速摆动扇子可以表达兴奋之情。这种浪漫而充满诗意的交流方式，使得爱情更加神秘而令人向往。

扇密语还可以表达友谊、促进合作。通过扇子的动作和编排，人们可以传递友好和合作的意愿，增加彼此之间的默契和信任。扇子的共同挥舞、交错舞动等动作可以表达团结和协作的精神，使得友谊更加牢固和深厚。

扇密语的艺术价值也不容忽视。扇子的展开、扇面图案的变化、舞动的节奏等元素相结合，形成了独特的扇子艺术表演。这种艺术形式不仅展示了扇子的美感和灵动性，还传达了艺术家的情感，营造了意境，给观众带来美的享受和思考。

然而，由于现代社会的快节奏和信息传递的便捷性，人们倾向于用更直接的方式来交流和传递信息，扇密语逐渐被人遗忘，其功能性渐渐淡出，魅力渐渐遭到忽视。当然，我们可以将扇密语当成一种文化遗产，继续学习它、传承它。以下是一些常见的扇密语解释。

快速开合扇子：表示有紧急情况或有急事相告。

缓慢开合扇子：表示放松、平静或无事发生。

单手持扇子：表示独立、自主，拒绝他人的接近。

摇动扇子：表示对某人感兴趣或想要与其交流。

用扇子指向自己：表示自己愿意与对方交谈或接受对方的邀请。

用扇子指向他人：表示对对方有好感或对对方表示赞赏。

扇子遮面：表示不愿与他人交谈，想保持距离。

扇子合上并轻轻敲打手掌：表示同意或赞同。

扇子合上并重重敲打手掌：表示不同意或不赞同。

扇子快速挥动并指向某个方向：表示有危险或需要注意的地方。

总之，扇密语作为一种古老而神秘的传统文化形式，通过特定的扇子动作和编排来传递隐藏的暗示、信息或情感。它在社交、爱情、友谊和艺术交流中起到重要的作用，是人类智慧和创造力的结晶。

二、扇子对功夫的加成作用

功夫扇能够产生，离不开扇子在武术中的逐步应用，也离不开扇子自身的发展。早期的武术家发现，将扇子引入训练与比武中，可以起到很好的辅助效果。后来经过不断实践，他们探索出利用扇子进行攻击、防御等的各种可能性，逐渐形成一套可操作的扇法体系。利用扇子的各种开合和转动等动作，将之与武术招式融合，武术家可以做出更丰富的技术变化：例如用扇面进行拍击，用扇柄进行刺击，扇子的旋转挥舞则可以干扰对手的视线。

明末清初时，武术家们开始将扇子作为一种隐蔽性强的武器使用。他们发现，扇子的形状和结构可以隐藏各种武器，如刀、剑等，使得攻击更加出其不意。他们加固扇子的骨架，增加了扇面的重量和硬度，使其具备了攻击和防御的功能。并且，通过不断的探索与实践，他们发展出了一套独特的扇法和技巧，包括劈扇、刺扇、撩扇等招式。

这些扇法既具有攻击性，又注重操控和防御，使得扇子在战斗中成为一种独特而有效的武器。武者通过不断修炼和实战，将扇子的使用技巧发扬光大，形成了一套系统完整的功夫扇技术体系。

随着时代的发展，扇子的艺术表现也日趋丰富，逐渐融合舞蹈和其他表演元素，最终促成了独特的功夫扇项目。因此，功夫扇的流变、发展、创新，与扇子的演变和传承密切相关。

功夫扇的发展并没有囿于扇子本身，而是在保留扇子的基础上，不断地进行技巧、表演、设计、工艺等方面创新，使自身具备更高的水平。可以说，功夫扇在扇子基础上进行了全面的升级与突破，真正成为一门完整的体系化项目。

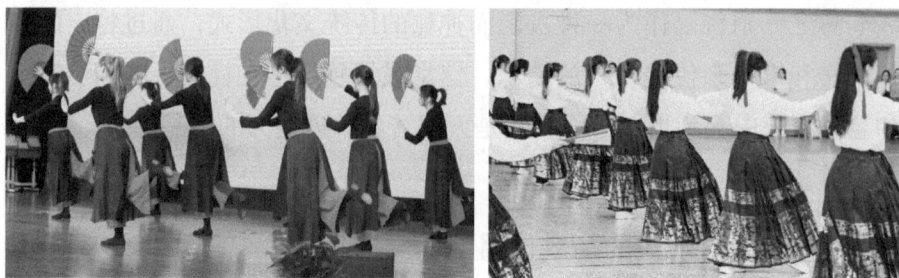

扇子在功夫扇中的应用

（一）扇法的变化和创新

在功夫扇的表演中，扇法的变化是关键。与普通扇子相比，功夫扇的扇法更加复杂多样，融合了各种传统功夫的招式、舞蹈的动作、戏曲的身段乃至杂技的元素。比如扇子的展开、收拢、旋转、挥舞等，都体现了功夫扇丰富而灵动的面相。表演时，舞者可以创造新的动作、改进动作组合，变化更多端，技巧更精妙圆熟，例如扇子的快速转动、扭曲和翻转等，从而达到令人惊叹的效果。这种扇法上的变化和创新，使得功夫扇表演更具视觉冲击力，也突出了它与普通扇子的区别。

握扇技巧

（二）表演的变化与创新

功夫扇注重动作的协调性、身体控制的精确性。舞者需要依靠精确的动作控制和身体各部位的协调，将扇子的动作和肢体的语言搭配起来，形成流畅而有力的表演效果。功夫扇的表演要求练习者具备出色的身体控制和节奏感，他们需要准确把握每个动作的时机和力度。

除了以上两个方面，当代功夫扇表演还特别注重情感的传达、表演的故事性等。练习者可以通过扇子的展开和收拢、旋转和挥舞等动作来表达不同的情感，如喜悦、愤怒、忧郁、怜爱等。他们还可以结合现代舞蹈、现代音乐、现代戏剧等艺术形式，并借助多媒体，使得整场表演的叙述更完整、故事更丰满，以便传达特定的主题和含义。此外，功夫扇的运用并不局限于传统的舞台演出，还可以延伸到影视作品甚至更新颖的艺术媒介中，这些都为功夫扇注入了新的价值和活力。

（三）设计的变化与创新

随着制扇材料的改进和现代工艺的应用，再加上表演形式的更新，功夫扇的动作组合更加复杂多变，当代功夫扇的设计也更加注重扇子的轻便性、坚固性和灵活性，这为练习者提供了更多的便利，确保了表演的流畅性。实际上，扇子的形状、大小、重量等都可以根据表演者的需要进行调整，使扇子的使用和操作更舒适顺手，从而取得更好的表演效果。

不仅如此，设计师还可以采用特殊的机械结构，使扇子在表演中能够展开成不同的形状，如花瓣、蝴蝶等，给观众带来视觉上的惊喜。设计师还可以采用可变色的制作材料，使扇子在表演中产生颜色的变化，与舞台灯光和整体氛围相呼应。

（四）装饰的变化与创新

传统扇子的装饰通常比较简约，而用于功夫扇的扇子更注重个性化和表现力。其扇面上常见的装饰包括图案、文字、符号和绘画等，可以反映特定的风格、主题或文化背景。

总体来说，功夫扇是传承与创新并重，传统与现代兼备，与时俱进是为了更好地满足社会各阶层的审美需求。

第二节　以扇之"柔"平衡武术之"刚"

一、功夫扇的刚柔并济

功夫扇强调"刚"与"柔"的结合，这与中国传统文化中"以柔克刚"的思想相吻合。功夫扇在表现手法上居于"刚"与"柔"之间，既具备武术"刚"的力量表现，又兼具扇子"柔"的流畅姿态。

这种刚柔并济的表现形式具有以下好处：

（1）增强技击的变化性和难度：刚柔并济使得功夫扇的技击动作更加多样化，增加了技击的变化性和难度。这不仅使练习者能够做出更具个人风格的技击，还能增加观众的观赏兴趣。

（2）提高攻击和防御效果：刚柔并济使得功夫扇技击既具备刚劲的攻击力量，又能灵活应对对手的攻击，增强防御效果。练习者由此能够更好地应对不同的战斗场景和对手，提高自身的自卫能力。

（3）增加表演的艺术性：刚柔并济使得功夫扇不仅具有实用性，还具备了较高的艺术性。扇子的柔和性和技击动作的刚强相结合，使得表演更具观赏性和艺术感，增加了表演的吸引力。

二、扇子在功夫扇中发挥"柔"的作用

提供柔软的质感。功夫扇用的扇通常采用柔软的材料制作，如丝绸、纸张或薄木片等。这种柔软的质地使得扇子能够更加灵活和顺滑地展开、收拢和旋转，从而增加了动作的柔和感，也带来了表现的多变性。

表现柔和的舞蹈动作。功夫扇中的"柔"主要表现为流畅、优雅的舞蹈动作。通过扇子的挥动、旋转以及与舞蹈动作的结合，练习者能够展现出柔和的身段、流畅协调的动作组合。

增强动作的变化性和连贯性。扇子的展开、收拢、旋转等，可以使

功夫扇的技击动作更加丰富多样，增加动作的变化性；同时，扇子的灵活运用可以使技击动作之间的过渡更加顺畅，增加动作的连贯性。

三、为什么以扇之"柔"平衡武术之"刚"

"功夫扇"之所以强调"扇柔平刚"，主要原因有以下几点：

体现了中国传统文化中"以柔克刚"的哲学思想。"扇柔平刚"的精神旨在通过柔化武术中的"刚"，使功夫扇技击兼具实战性和舞台效果，获得最大限度的发挥。它弥补了武术中单纯"刚"力量的不足，提升了武术艺术化的程度。武术中，刚劲的力量和技巧是非常重要的，但过于追求刚强的力量可能会导致身体的不平衡。这种不平衡可能会使技击动作失去灵活性和流畅性，同时也会增加受伤的风险。

保证了技击动作的平衡性与流畅性。扇子在中和武术中的"刚"的过程中，起到了平衡身体姿势、辅助动作并提升流畅性、提供防御和保护、增加表演效果的作用。扇子不仅帮助练习者保持身体的平衡和稳定，还能增加动作的灵活性和美感，使武术表演更加出色。

平衡身体姿势。扇子在武术中可以作为辅助工具，帮助练习者保持平衡的身体姿势。在进行各种技击动作时，扇子的运用可以帮助改变身体的重心，调整身体的姿势，使练习者更好地掌握平衡。

兼顾实用性与审美性、流畅度与力度。扇子的动作可以与武术技击的动作相结合，提升动作的流畅性和连贯性。扇子的展开、收拢、旋转等动作，可使动作的组合更加灵活自由，动作与动作之间的过渡更加流畅、衔接更加连贯，整套动作的完成更加自然。

强调内在和外在功力的均衡发展，提供防御和保护。扇子在武术中也可以用作防御和保护的工具。在对抗中，扇子可以用来抵挡对手的攻击，起到保护自身的作用。

增强表演的视觉成效与艺术效果。扇子作为视觉上引人注目的道具，可以增加武术表演的效果和观赏性。扇子的运用可以增添舞台上的美感和艺术性，使整个表演更加生动有趣。

四、不同种类的扇子平衡武术之"刚"

折扇是最常见的扇子类型之一，由扇骨和扇面组成，可以折叠，便于携带。在功夫扇表演中，折扇柔软而轻盈的特性使其成为平衡武术动作刚硬的理想道具。折扇的张合、旋转和翻转等动作，能够带来舞蹈般的柔韧性和流畅性，使功夫扇表演更加优雅和精彩。

团扇是一种圆形的扇子，常用纸张或绸缎制作。圆形的设计和大面积的扇面使得团扇能够扩大动作的视觉效果。在功夫扇表演中，团扇的摇动和挥舞能够营造气势磅礴的场面，同时平衡武术中的刚猛和力量，为整个舞台增添戏剧化的效果。

长柄扇的扇柄较长，常用木材或金属制作。它的长柄设计使得扇面与扇柄之间的距离增加，表演者若能充分利用扇柄的延伸，便可以展示更多的招式与技巧。长柄扇的特点使得功夫扇表演中的动作更加灵活多样。

第三节　扇子与功夫的融合

"功夫"和"扇"看似来自不同的领域，却能互相交融，形成了独特的武术表演项目。一方面，扇子本身的形态结构与功夫的理念高度匹配；另一方面，扇子的制作工艺、美术设计体现了功夫所追求的精神特质。两者宛如天作之合。

一、从形态和结构看扇子与功夫的融合

第一，扇子的开合结构、开合动作寓意深长，与功夫的理念很契

合。扇子的开合结构与太极中的阴阳两仪具有相似性，都包含着阴阳相生、刚柔并济的寓意。太极追求阴阳的平衡和协调，扇子的开合动作也在追求一种平衡而和谐的状态。扇子的开合动作随着时间的流逝呈现出多变的姿态，这与功夫所强调的"顺势而为"理念高度契合。

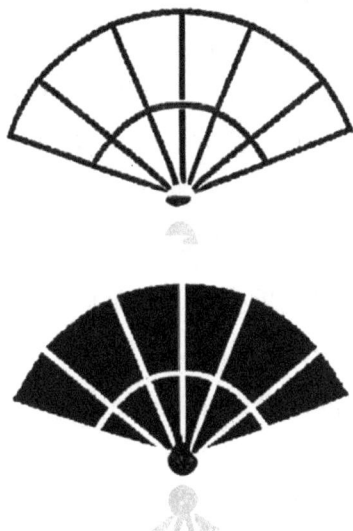

扇子开合结构和功夫理念的契合

扇子制作要求材质的选择、加工手法的打磨，体现了功夫强调"以形取胜"的精神追求。尤其是扇骨的加工过程，需要高度的细致程度，与功夫重视"内中存真，外显实而不失朴"的风格保持一致。

第二，在武术表演中，扇子的动作变化与功夫的理念很契合。扇子的展开动作代表着掌握技击、施展技击，扇子的合拢动作代表着完成技击后的收敛。这种展开与合拢的循环，体现了武术中"力的发散与收束"的原理。扇子的舞动也借鉴了功夫中的螺旋力和流动性，以柔和的动作表达武术的力量感以及对力的控制。

第三，在扇子的结构中，扇骨、扇沿尤其值得一说。扇骨通常是直线形的，直线的扇骨有助于扇子保持坚固的结构，它能够支撑起整个扇子，使得扇子在开合时更加稳定。这种"刚性"与功夫中"刚"的一面相契合，象征着力量的集中和爆发。扇子的扇沿则是曲线形的，具有流线型外观。扇沿赋予了扇子柔美的线条和优雅的动感，与功夫中"柔"的一面相契合。曲线形状的扇沿能够在扇子展开和舞动时创造出连贯而流畅的动作，突出了功夫扇的灵活性和控制力。

另外，扇子开合时发出的声音也与功夫扇的理念相契合。凡是制作精良的扇子，其扇骨和扇沿之间都会保持适当的松紧度，这样扇子在开合过程中会发出清脆、通透的声音。这与功夫扇追求精确控制和节奏感的表演风格相契合，能够增加表演的韵律感和气势。

不同结构的扇子能够以不同方式与功夫融合，当它们用于功夫扇表演时，都有其适合的动作，擅长表现的场景。

（1）折扇。折扇由多个折叠的扇骨组成，可以轻松地收起和展开。折扇的形态结构呼应了功夫中迅捷、灵活的一面。在功夫扇表演中，折扇常用于表现在极短时间内变化多端的动作组合，适合对敏捷性和精准性有较高要求的场景。

（2）固定扇。固定扇是一种结构稳定、不可折叠的扇子，通常用坚固的材料制成，如竹子、木头或金属。团扇就是固定扇之一种。固定扇的形态结构呼应了功夫中追求控制和平衡的一面。在功夫扇表演中，固定扇常用于展现稳定的姿态，适合对稳定性和掌控力有较高要求的场景。

（3）双面扇。双面扇是一种将两个扇面相连、具有对称结构的扇子，其每一面都可以独立展示。双面扇的形态结构呼应了功夫中对称平衡的一面。在功夫扇表演中，双面扇常用于展示对称的动作，而且它的两个面放在一起可以呈现对称的图案或颜色，适合对协调性、对称性、平衡性有较高要求的场景。

（4）羽毛扇。羽毛扇是以羽毛装饰的扇子，通常靠细长的扇骨支撑。羽毛扇的形态结构呼应了功夫中柔和、飘逸的一面。在功夫扇的表演中，羽毛扇常用于展示轻灵、优雅、具有舞蹈性的动作，适合需要表现柔美优雅、轻盈流畅的动作，包含较多舞蹈元素的场景。

折扇在功夫扇表演中的应用

二、从制作和设计看扇子与功夫的融合

扇子的制作过程和功夫扇的理念有着密切的联系。传统的扇子制作工艺注重细节和精湛的技艺，这与功夫扇所追求的精确控制和表演美感是一致的。

制扇的材料要经过谨慎而反复的选择。优质的扇子往往选用轻盈坚韧的材料，既要保证扇子的结构坚固，又要保证使用时灵活方便，表演时能取得最佳的舞动效果。扇子的制作工艺细致入微。在扇骨的制作过程中，要确保每一根骨条的长度和角度都十分精确、符合要求，这样才能保证扇子在舞动时的稳定性和平衡性。扇沿的装饰和绘画也需要经过精心的设计和加工。这与功夫中精益求精的精神吻合。

扇子的装饰也反映了功夫的理念。扇子上常绘有龙、凤、牡丹花等图案，这些图案及其配色不仅增添了扇子的艺术美感，而且与中华武术文化的内核相呼应。

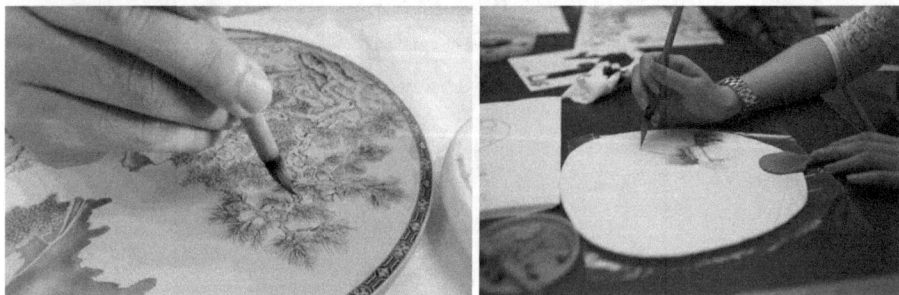

扇面创作

功夫扇中的扇子可通过图案设计等与功夫相呼应。

动物图案风格的设计。绘制龙的图案代表力量和权威，与武术中的霸气和威严相呼应；凤凰的图案代表优雅和祥和，与武术中的柔美与和谐相呼应。也可以配置花鸟野兽的图案，用于表现敏捷的、充满活力的场面。此外，动物图案还可以与其他传统文化元素结合。比如龙的图案与祥云纹结合，建构飞龙在天的意象，可传达正气凛然的意蕴，适合展示英勇的场面。

现代抽象的设计。以颜色、线条为主，可用于表达前沿而新潮的观念。有些设计将传统元素与现代元素相融合，例如在传统的花鸟图案周边配以抽象的色块和线条，这种融合表明了武术的传统价值与当代审美相结合的可行性。

除了图案装饰以外，色彩的运用也是传达寓意的重要手段之一。比如在功夫扇表演中，明亮鲜艳的色彩可以传递活力和激情，适合展示快速而激烈的武术动作；柔和素雅的色彩可以传递宁静和谐的感觉，适合展示轻盈而优雅的武术动作。

第三章
功夫扇的文化内涵

功夫扇承载着历史脉络与时代印记，是文化传承与创新的载体。从岁月沉淀的历史记忆，到贴合当代的现代演绎，本章探寻其文化基因的延续与新生，解锁功夫扇跨越时空的文化魅力。

第一节　历史记忆

扇子作为具有悠久文化内涵的符号，在不同历史时期内蕴含着不同的文化含义。这些文化内涵也同时渗透到功夫扇表演中，影响和塑造其文化内涵。自由、灵动的象征赋予了功夫扇柔美优雅的风格运作。幸福吉祥的寓意赋予了功夫扇祝福和欣赏的文化内涵。文人地位的象征赋予了功夫扇高雅修养的文化内涵。礼仪礼节的范式影响了功夫扇表演的礼仪表现规则。民间信仰与节庆的体现赋予了功夫扇祝福宴乐的文化寓意。随着历史文化的演变，扇子本身的变化与其内蕴的文化含义，同时也推动和影响着功夫扇发展中的文化内涵。

一、文人雅士的喜好

扇子在文人士大夫阶层历来很受欢迎。他们将扇子视为绘画、书法或诗词创作的载体或主题。文人雅士通过在扇面上创作，表达对自然、历史、艺术、人生以及文化传统的感悟和赞美。扇面上的绘画、书法、诗词等，不仅反映了个体的审美情趣和创作才能，也反映了文人群体的文化精神和艺术观念。

首先，扇子为文人雅士提供了一个独特的创作空间。扇子的形状和大小对创作构成了一定的限制，提出了一定的挑战，这反过来也激发了文人雅士的创作灵感和想象力。不同于传统的绘画纸张或书法卷轴，扇子轻盈灵动、可开可合，使艺术作品的展示和欣赏别具韵味。

其次，扇子赋予了文人雅士更多的创作题材和表现手法。文人雅士可以在扇子上表达他们对自然景物、花鸟虫鱼以及山水风物的独特感悟。扇子上的绘画作品常常以细腻、雅致的笔墨表现自然界的美丽与神奇，其中蕴含着文人雅士对自然美的另一番追求。

再次，扇子上的艺术创作是文人雅士继承和发扬传统文化的重要方式。文人雅士在扇子上创作绘画、书法、诗词等，往往吸收了儒释道的哲学思想，体味情感，感悟自然和人性，传递出对传统文化的理解和赞美。

最后，扇子上的艺术创作也是文人雅士追求内心宁静和超脱的一种方式。在扇面创作过程中，文人雅士需要投入大量的时间和精力，比如需要通过细腻的笔墨和独特的构图，画出自己的思想情感。这一创作过程本身就是修身养性、陶冶情操的过程，创作者在艺术浸润中达到心灵的平静和安宁。

扇子上的艺术创作不仅仅是个体的表达，也与特定的历史背景和社会语境息息相关。在中国古代，文人雅士的艺术创作常常被视为一种文化贡献，也是他们社会地位的象征。文人雅士通过

明 沈周《江亭避暑图》

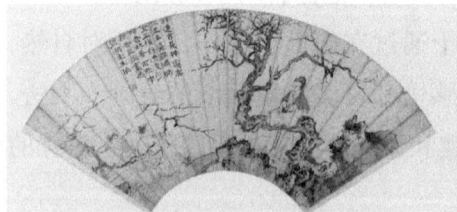

明 谢时臣《选梅折枝图》

清 沈祁《山水扇》

（图片来源：故宫博物院藏）

扇子的艺术创作，不仅展示了个人的才华和审美观念，也表达了他们对社会和时代的关注和思考。

有些文人雅士甚至会亲自制作扇骨和扇面，将扇子打造成独一无二的艺术品。扇子的制作材料多种多样，包括竹、木、羽毛等。其中，竹是最常见的材质之一。竹扇质地轻盈，纹理清晰，适合绘制细腻的山水和花鸟。

扇子不仅是文人雅士的绘画和书法的载体，还常常成为其文学创作的主题。文人以扇子为灵感来源，描绘扇子的美丽和意境，将其与诗词相融合。他们赞美扇子的轻盈、柔软和随风摇曳的姿态，用诗意的语言，将其与夏日的清凉、游历山水的悠闲、文人墨客的风雅联系起来。扇子不仅仅是艺术品，还是文人雅士们展示才华、表达思想情感的重要工具。

不少文人曾留下与扇子的故事。《晋书·王羲之列传》记载，王羲之在绍兴戒珠寺前的戢山街依着城河闲步。河上有一座拱形石桥，王羲之见一老姬在桥上卖扇，一脸愁容，没精打采，原来是没有人买她的扇。王羲之十分同情，问道："你的扇子卖几文一把？"老姬见来了买主，顿

清 禹之鼎《题扇图》轴
（图片来源：故宫博物院藏）

时精神振作起来，回答说："自编的扇，只卖五文一把。"王羲之没吱声，到桥下一家小店铺借来笔墨砚，在老妪的八九把六角竹扇上题了几个字，微笑说："老婆婆，现在你每把扇卖百文钱吧。"这时看热闹的人越来越多，大家见王右军在扇上题了字，都争相买扇。老妪的八九把扇一下子全卖光了。

明代文学家文徵明也以绘扇闻名。他的《文徵明扇面图》以婉约的笔调绘制了花鸟和山水，并配有优美的诗句。这幅扇面图被誉为文徵明的代表作之一，展现了他对扇子艺术的热爱以及他在这方面的造诣。

扇子在文人雅士中的受欢迎程度，不仅仅体现了扇子作为艺术品的价值，更昭示了文人雅士们对自然美、艺术美、文化价值的追求。通过扇面绘画和文学创作，文人雅士将扇子的美丽和意境传承至今，使其成为中国文化中不可或缺的一部分。

二、社交礼仪的范式

在古代社交场合中，扇子的使用被视为一种社交礼仪。

不同款式的扇子代表着不同的社会地位和身份。在宴会、舞会等场合，人们需要根据自己的身份和地位选择适合的扇子。贵族和富人常常使用由珍贵材料制成的扇子，如象牙、玉石、贵重木材等，这些扇子制作精美、质地优良，彰显出高贵的身份和丰裕的财富。普通百姓则使用普通材料制成的扇子，如竹扇、纸扇等，这些扇子虽然材料简单，但仍能满足基本的使用需求。

扇子的使用方式和手势也有一定的礼仪规范。在社交场合中，一个举止得体、品位高雅的人，需要合理控制扇子的开合速度、挥动方向等。例如，在宴会上，开合扇子的速度应该适中，不宜过慢或过快，以显得从容大方。同时，挥动扇子的方向和节奏也需要注意，避免与他人相撞或干扰他人。

扇子作为社交礼仪的一部分，不仅仅是一种仪式，更是一种展现使用者社会地位和风度的方式。通过选择合适的扇子和掌握得体的使用方式，人们可以在社交场合中展现自己的品位和修养。这种细致入微的社交礼仪在古代文化中扮演着重要的角色，也成为一种文化传承和表达的方式。

在古代社交场合中，人们利用扇子的不同动作来传递秘密信息或表达特定的意思，用"扇密语"与其他人进行隐秘的沟通，与他人交流和示意。例如，如果一个人对他人感兴趣或想要与他人交谈，可以轻轻摇动扇子，向对方传递友好的信号。而如果一个人不愿意与他人交流或希望保持独立，可以将扇子合上或放在身旁，表示自己的保留和独立性。

功夫扇也承载了这些价值观念。在扇子的运用过程中，表演者需要遵循一定的规范，运用一定的技巧，展现出端庄、优雅的舞姿。比如抱扇礼就是礼仪道德的具体体现。

三、民间节庆活动的祝福寓意

扇子在一些民间传统活动中扮演着重要角色，如舞龙舞狮、庙会和婚庆等。这些活动中，扇子不仅作为道具和装饰，还承载着象征意义和特定的寓意，为活动增添了灵动、艺术和祝福的元素。

舞龙舞狮是中国民间一项独特的表演形式。在舞龙舞狮表演中，舞者手持扇子，以扇子的舞动为龙或狮增添灵动感和艺术效果。扇子的翻转、挥动、旋转等动作与龙身的起伏和舞动相呼应，形成了一幅生动活泼的画面。扇子在舞龙舞狮表演中起到了烘托气氛和增添美感的作用，使整个表演更加精彩动人。

庙会是中国传统的重要活动之一。在庙会上，人们常常手持扇子参与各种娱乐和表演活动。首先，扇子在庙会中可以用于遮阳避暑。庙会通常在夏季举行，在游览、观赏表演、品尝美食等过程中，持扇挥扇可以减轻炎热带来的不适。其次，扇子在庙会中还可以用于舞蹈表演。舞者通过扇子的翻转、挥动、舞动等动作，展示出优美的舞姿和独特的艺术韵律，为庙会增添了一份活力和欢乐。此外，在一些庆祝节日的庙会中，人们还可以用扇子配合火把表演，烘托出热烈喜庆的氛围。

婚庆是中国传统文化中一项重要的仪式和活动。在婚庆中，扇子作为一种传统的婚礼用品被广泛应用。新娘和新郎常常会用扇子作为装饰，手持扇子出现在婚礼仪式中，象征着新婚生活的美好和吉祥。在婚礼进行过程中，新娘可以用扇子遮面，以示羞涩和神秘感。新郎则可以轻轻地向新娘挥动扇子，表达对她的疼爱和关怀。此外，婚庆中的舞蹈表演也离不开扇子的运用，舞者们以扇子的舞动为婚庆增添喜庆和艺术效果。

扇子在这些民间传统活动中被赋予了驱邪避凶和祈福祝福的寓意。在中国传统文化中，扇子被认为具有辟邪、避灾、贞吉的象征意义。人们相信，通过手持扇子进行舞蹈表演或者扇动火把等活动，可以驱散凶气、祛除邪气，保佑人们平安、幸福和吉祥。因此，扇子成了这些民间传统活动中不可或缺的道具和装饰。

除了舞龙舞狮、庙会和婚庆，扇子还在许多其他民间传统活动中扮演着重要的角色。人们手持扇子，配合舞蹈动作，展现出独特的舞姿和韵律，给观众带来视觉的享受和艺术的慰藉。它不仅是一种装饰和道具，更是一种象征和寓意的表达。通过扇子的舞动和运用，人们在舞龙舞狮、庙会、婚庆、戏曲、舞蹈等活动中传递着祝福、吉祥和喜庆的情感。

功夫扇表演中，扇子上绘制的吉祥图案和带有美好寓意的词句扮演着重要的角色，代表着表演者对观众的祝福。这些图案和词句不仅增添了扇子的艺术价值，也赋予了表演更深层的意义和情感。

首先，扇子上的吉祥图案在功夫扇表演中起到了美化舞台和表达祝福的作用。扇面上常常绘有龙凤、麒麟、孔雀等，这些图案在中国文化中被视为吉祥和幸运的象征，它们不仅仅是装饰性的，更具有象征意义，表达了对观众的美好祝愿。当表演者挥舞扇子，吉祥的图案在空中舞动，便营造出一种祥和欢乐的氛围，观众们对这种祝福也心领神会。

其次，扇子上带有寓意的词句也是在传递祝福。一些扇子上会刻有吉祥的字词句，如福、寿、喜、安、康等，它们代表着对人们幸福、长寿、喜庆和健康的祝愿。在表演过程中，这些词句会被表演者有意地展示出来，观众在观赏功夫扇表演时，不仅仅领略了扇舞的技巧和美感，同时也感受到了祝福和美好的寓意，这种情感上的共鸣使得表演更加动人。

最后，扇子上的吉祥图案和带有美好寓意的词句还能够与表演的主题相结合，增强表演的艺术性和感染力。例如，遇到节日或重大活动时，表演者可以绘制与节日相关的图案或词句，这种将吉祥图案、带寓意的词句与表演主题相结合的做法，不仅丰富了表演的内涵，还能让观众更好地理解和感受表演所传递的祝福。

四、女性美学与时尚

在古代，扇子也是女性群体广泛使用的日常用具。女子不仅用其来遮面纳凉，更能借扇传情达意。扇子的变化发展也包含了女性的美学追求和对时尚的关注。

扇子在女性服饰搭配中常常成为时尚的点睛之笔。扇子的款式、颜色和装饰与女性的服装相呼应，形成一种整体的风格，突显了女性的优雅和品位。例如，宫廷中的贵族女性常使用华丽的宫扇，扇面上绘有精美的图案和花纹，与华丽的宫廷服饰相得益彰。民间的女性则更多地使用轻便而精致的折扇，其款式和颜色与民族传统服饰相协调，展现出地域文化的特色。

五、影响功夫扇的其他文化

除了扇文化外，功夫扇还继承了中国古代武术文化的价值观。在古代中国，武术被视为一门修身养性的功夫，所追求的是身心的和谐与健康。功夫扇的练习者或表演者经过磨砺，塑造出坚强的意志和健康的体魄，这符合中国武术所追求的内在美和外在美的统一。

古代武术文化中还强调师徒传承的传统价值观。在功夫扇的练习中，师父起到了重要的指导作用，他们传授技巧、纠正动作，更重要的是传授武术的精髓和道德观念。徒弟则通过虚心学习和刻苦训练，不断提升自己的技艺和修养。这种师徒关系不仅仅是技术的传承，更是师德和道德修养的传承，它塑造了武术文化中的师道精神和团队合作精神。

古代武术文化还强调武德的培养。武德是指武术修行者应具备的道德品质和行为准则。在功夫扇的练习中，运动者需要遵循武德的要求，如尊师重道、忍耐宽容、坚忍不拔等。这些品质不仅在武术表演中得到体现，也贯穿于日常生活中，使武术家成为一个有修养、有担当的人。

影响功夫扇的其他文化还有：与书法、绘画结合，充实了功夫扇表演的表现手法，提升了其艺术效果；与武术结合，强化了功夫扇表演的实战意义，丰富了其动作层次；与舞蹈结合，丰富了功夫扇表演的表现形式，提升了其艺术表达能力；与戏曲结合，增加了功夫扇在舞台艺术中的应用价值；与文学结合，深化了功夫扇表演的文化内涵，增强了其艺术魅力；与传统手工艺结合，丰富了功夫扇产品设计的文化元素。

第二节　现　代　演　绎

功夫扇的传承与发展也与当代社会的文化需求相结合。在当代社会，功夫扇得到了更多的关注和欣赏，无论是国内还是国际上，越来越多的人对功夫扇表演艺术产生了兴趣。许多舞蹈团体和艺术院校将功夫扇纳入舞蹈教学和演出，通过培养年轻一代的扇艺才华，使功夫扇得到了更广泛的传播、更好的发展。

在功夫扇的传承和发展过程中，除了表演者的努力外，对历史记忆和文化传统的尊重和理解也很重要。传承功夫扇需要追根溯源，需要了解古代武术文化的精髓和智慧，需要中华民族的传统美学和哲学思想。同时，功夫扇的传承和发展也需要注重创新和融合，将传统文化与当代艺术、科技、审美需求相结合，使其更具吸引力和影响力。

功夫扇的传承和发展对个体和社会都会产生积极的影响。对于个体而言，学习和操练功夫扇可以培养身体协调性、节奏感，提升自己的审美能力、艺术和文化素养，激发对历史和文化的兴趣，增强文化自信心和身份认同感。

从社会层面看，通过功夫扇进社区等公益活动，丰富民众业余生活，促进社区文化建设，作为文化载体，助力对外交流，传播中华武术与文化，增强文化自信，推动优秀传统文化传承弘扬，赋能社会文化发展。

一、传统工艺与技艺传承

扇子的制作技艺是中国传统手工艺的重要组成部分，扇子的制作涉及材料的选择、雕刻、绘制等工序。以下将从技艺传承的重要性、传统工艺的特点以及现代传承方式等方面进行阐述。

技艺传承对于保护扇子制作技艺非常重要。扇子制作技艺作为中国传统手工艺的一部分，承载着丰富的文化内涵和历史意义。技艺传承使得它可以延续下去。技艺传承不仅仅是技术的传递，更是对于传统文化的传承和弘扬。通过学习扇子制作技艺，年轻一代可以接触传统文化的精髓，并进一步将之发扬光大。

扇子制作具有独特的特点和工艺流程。第一，材料的选择非常重要。常用的制扇材料包括竹子、木材、骨头、纸张等，每种材料都有其独特的质感和特点。第二，雕刻和绘制是扇子制作过程中的重要环节。雕刻需要精细的刀法和技艺，绘制则需要熟练的绘画技巧和高超的色彩搭配能力。第三，扇子的组装和装饰也需要一定的技术和经验。扇子的

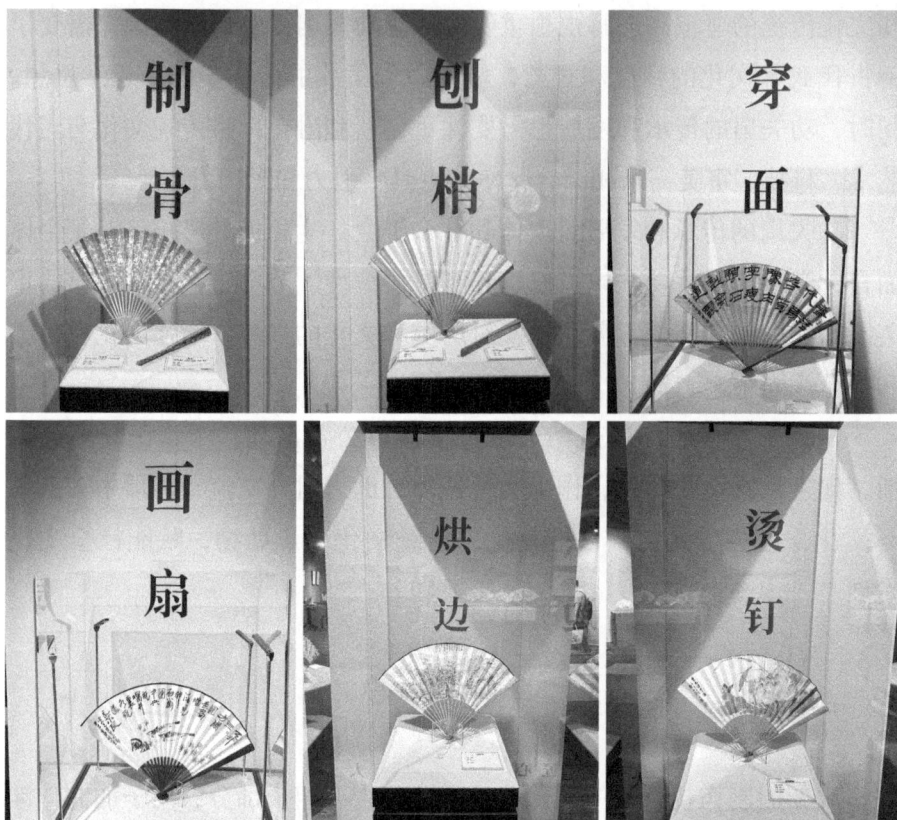

扇子的制作技艺

骨架需要经过精细的组装，然后需要对扇子进行装饰和修整，最终才能形成完整的扇子作品。

然而，随着时代、社会、技术的变迁，传统工艺的传承面临一些挑战，比如现有的熟练手艺人老龄化、年轻人才后继乏力等问题。为此，需要采取一些措施来推动传统工艺的保护和传承工作。一方面，可以建立传统工艺学校和培训机构，提供系统的教育和培训，培养更多的传统工艺人才。另一方面，可以利用现代科技手段，如互联网和社交媒体，将传统工艺推广给更多人，增加人们对传统工艺的认知和兴趣。此外，政府和社会组织也可以提供相应的支持，通过设立奖项、举办展览、鼓励和引导市场力量参与推广等手段，助力传统工艺的传承和创新。

在现代传承方式中，数字化技术也发挥了重要作用。例如，利用数字化技术记录和传播传统工艺的过程和技巧，保存传统工艺的知识和经验。数字化技术还可以为传统工艺带来新的发展机遇，例如利用3D打印技术制作扇子的模型，或者利用计算机辅助设计软件进行扇面图案的设计。这些现代技术的应用可以提高工艺的效率和精确度，同时也可以吸引更多年轻人参与到传统工艺的传承和创新中来。

总之，扇子制作技艺的传承和发展对于保护和传承中国传统手工艺具有重要意义。通过技艺传承，使得传统工艺得以延续，更重要的是为年轻一代传递传统文化的精髓。传统工艺的特点和工艺流程也需要得到保护和传承，同时结合现代科技手段，推动传统工艺的创新和发展。通过多方合作和努力，相信传统工艺的传承将会走向更广阔的道路，绽放出新的光彩。

国风扇面

二、非遗文化价值

在扇子丰富的美学体系中，不得不提的是制扇技艺所承载的非遗文化价值。制扇技艺作为集雕刻、绘画、书法、编结、装裱等多种工艺于一体的综合性传统手工技艺，已被列入国家级非物质文化遗产名录。其中，2006年5月20日，江苏苏州的制扇技艺列入第一批国家级非物质文化遗产名录，其苏扇包括折扇、檀香扇和绢宫扇三大类，以雅致精巧、富有艺术特色著称，制作过程涵盖造型、装裱、雕刻、镶嵌、髹漆等精湛工艺，扇骨和扇面的制作更是精益求精，展现了极高的艺术水准。2008年6月，制扇技艺（荣昌折扇）被批准为第二批国家级非物质文化遗产名录扩展项目名录，荣昌折扇造型轻盈灵巧，选料考究，品种多样，雕刻制作精细，扇面书画艺术精美，具有极大的艺术价值、欣赏价值和收藏价值。

制扇技艺非遗与功夫扇运动有着紧密的关联。功夫扇作为一种融合了太极与其他武术、舞蹈动作的特色武术健身项目，其使用的扇子正是制扇技艺的产物。非遗制扇技艺赋予了功夫扇深厚的文化底蕴，从扇骨材质的精挑细选，如苏扇常用的棕竹、湘妃竹、乌木，荣昌折扇的竹子等，到扇面装饰的精雕细琢，无论是苏扇上的山水花鸟绘画，还是荣昌折扇的雕刻工艺，都使得功夫扇在舞动过程中，不仅展现出武术的阳刚威仪，更流露出传统文化的典雅韵味。当习练者练习功夫扇时，手中的扇子不仅仅是一件运动器械，更是非遗文化的承载物，每一次开合、翻转，都仿佛在诉说着制扇技艺背后千百年的传承故事，让古老的非物质文化遗产以充满活力的功夫扇运动为载体，走进大众生活，实现活态传承与发展。

建立非物质文化遗产代表性项目名录，对保护对象予以确认，以便集中有限资源，对体现中华优秀传统文化，具有历史、文学、艺术、科学价值的非物质文化遗产代表性项目进行重点保护，是非物质文化遗产保护的重要基础性工作之一。

国务院先后于2006年、2008年、2011年、2014年和2021年公布了五批国家级项目名录（前三批名录名称为"国家级非物质文化遗产名录"，《中华人民共和国非物质文化遗产法》实施后，第四批名录名称改为"国家级非物质文化遗产代表性项目名录"），共计1 557个国家级非物质文化遗产代表性项目（以下简称"国家级项目"），按照申报地区或单位进行逐一统计，共计3 610个子项。

中国制扇技艺历史悠久，是传统手工艺与文人美学交融的典范。自2006年国务院公布首批国家级非物质文化遗产名录以来，制扇技艺以其精湛工艺和文化内涵，成为非遗保护体系中的重要组成部分。目前，全国共有十余项制扇技艺入选国家级非遗名录，代表性项目包括：

（一）苏扇制作技艺（Ⅷ-81，江苏苏州）

2006年第一批被列为国家非物质文化遗产新增名录。苏扇是苏州特产，包括折扇、檀香扇和绢宫扇三大类，统称为"苏州雅扇"；明清以来，主要在苏州及周边地区广泛流传。

南宋时苏州便有人自制折扇，到明代宣德年间设作坊生产，并出现名牌产品，如著名的乌竹骨泥金扇。清代顺治年间苏扇成为皇家贡品，制扇业开始兴盛。

苏州雅扇有不少名品，所谓"吴中折扇，凡紫檀、象牙、乌木作股为俗制，惟棕竹、毛竹为之，称怀袖雅物"。折扇的扇骨制作以变化丰富和精工细致闻名，打磨后的竹折扇骨匀细光洁，高雅古朴。

檀香扇从折扇演变而来，以檀香木制扇，散发天然香味。苏州是檀香扇的发源地，有"拉花""烫花""雕花""画花"等工艺，扇面还要绘上山水花鸟景色，显得雅致宜人。自20世纪初始作以来，檀香扇即以其独有的技艺特色受到国内外人士的喜爱。

绢宫扇主要有圆形、六角形、长方形、腰圆形等形状，扇面往往绘以山水、花鸟、人物，并题有名人诗句，古色古香，极具观赏性。

苏州雅扇制作集造型、装裱、雕刻、镶嵌、髹漆等精湛技艺于一体，历来是文人雅士不可或缺的掌中宝物。

20世纪80年代以后，人们的生活方式发生了急剧变化，电扇和空调的出现使扇子的重要性急剧下降。晚清民国时期仅上海一地苏州扇庄及经营苏州扇面扇骨的文玩店就达上百家，现在只剩下王星记和朵云轩两处。目前苏州本地制扇艺人仅剩三四人，有些工艺已濒于失传。

（二）杭州王星记制扇技艺（Ⅷ-81，浙江杭州）

2008年第二批被列为国家非物质文化遗产扩展名录。以黑纸扇"雨淋日晒不变形"闻名,有"一把扇子半把伞"之美称,其制作技艺世代相传,一直沿袭至今。杭州雅扇自古闻名海内,南宋时期,今杭州清泰街与河坊街之间集中了许多杭扇制作工场,彼此相连,长达二里,此处因而得名"扇子巷"。清代光绪元年(1875年),王星斋在杭州扇子巷创建王星记扇庄,凭借精良的做工和独特的工艺在众多店家中脱颖而出,经过不断发展,王星记扇终于成为杭扇的代表。

百多年来,王星记扇业艺人继承并发扬传统,汇集历代制扇艺人的智慧,发展了杭扇制作技艺,目前王星记杭扇的扇品已达十五大类四百余种三千多个花色,远销四十多个国家和地区。王星记扇制作工艺复杂精细,装饰更是十分考究,它与书画、雕刻、镶嵌、剪贴等技艺相结合,极大地提升了扇子的艺术品位。王星记扇以黑纸扇、檀香扇最为典型,在国内外屡获奖项,为世人所称道。

早在清代,黑纸扇即作为杭州特产进贡宫廷,有"贡扇"之称。历代众多书画名家都曾在王星记的扇面上留下杰作,为中国文化宝库增添了重要财富。近年来,王星记扇常被用作国礼赠送给国际友人,且为各地博物馆所收藏,成为中外文化交流的桥梁。王星记制扇技艺为中国扇文化的传衍作出了积极贡献,具有独特的历史文化价值。

(三)四川自贡龚扇制作技艺(Ⅷ-81,四川自贡)

2008年第二批被列为国家非物质文化遗产扩展项目名录。四川自贡竹篾丝扇系清代光绪年间制扇名家龚爵伍所创,故称"龚扇",扇面犹似执绢纨。扇柄下饰以流苏、绦结或玉器、桃核雕刻等小摆件,摇曳生姿。檀香扇和葵扇的扇面上往往饰以烙画,色有浓淡,层次分明。清代光绪元年(1875年),著名艺人龚爵伍以牛骨、玉石为扇柄,竹条为外圈,用黄竹篾丝编织各式图案,创制了扇面约六寸的宫扇,故称"龚扇"。龚扇图案鲜明,精美别致,在流传过程中得到许多人的爱重,声誉日隆。早在清代末年,龚扇即已闻名遐迩,成为宫廷和官府的收藏品,并在莱比锡国际博览会上获得奖章。龚扇质薄如绢,绚丽如花,光滑如镜，扇面图案别具一格，以极细篾丝编织成的花鸟人物形象生动，体现出精细的质感和独特的风格。

龚扇演进历时百余年，至今其制作技艺已传承了五代。由于龚扇制作技艺采用家族传承方法，前三代均是传男不传女，所以到目前为止，只有龚姓家族的少数人能够完整掌握技艺中的编织技术。鉴于此情形，应采取积极措施，对这一宝贵的民间手工艺进行有效保护。

这些项目共同体现了中国扇艺"材美工巧"的核心精神，其技艺传承不仅依赖师徒口传心授，更与地方志、宫廷档案（如《清宫内务府造办处活计档》）等文献密切关联，形成"活态文献"的双重保护范式。

三、社会文化需求

无论是在舞台表演、舞蹈、戏剧还是传统仪式中，扇子都是艺术家们展示技艺、表达情感和引发观众共鸣的重要工具。功夫扇的魅力不仅体现在其造型和装饰上，更在于其灵活多变的使用方式和丰富的象征意义。让我们探索扇子在社会需求各方面的精彩表现。

（1）健身与休闲需求。随着人们越来越重视健康的生活方式，功夫扇作为一种体锻方式和休闲活动受到了大众的青睐。扇子作为功夫扇运动的必备工具之一，可以增添运动的趣味性和挑战性。

（2）文化传承和展示。功夫扇作为中国传统文化的一部分，具有丰富的历史和文化内涵。社会对于传统文化的关注，以及诸如传统"家风"建设等方面的需求，使得功夫扇成为一种受欢迎的文化艺术形式。扇子的运用可以展示和传承中国传统文化，也可以引起更多人对传统文化的兴趣。

（3）表演艺术需求。社会对于观赏性和娱乐的需求使得功夫扇获得了广泛关注。扇子在功夫扇表演中的独特运用可以增添表演的视觉效果和趣味性，吸引观众的注意力，为大众提供一种具有文化价值的休闲娱乐活动。

（4）创意和创新需求。社会对于艺术创意和创新的需求使得功夫扇具备了更多的表现空间和创作可能性。扇子的运用可以为武术、舞蹈动作增添美感和艺术观赏性，表演者还可以通过创造新的动作组合和编排方式来表达个性和创意。

尽管功夫扇从扇子演变而来，但它并不局限于传统扇子的形式和技法。功夫扇通过创新演绎，融入了现代舞蹈、音乐、戏剧等元素，使表演更加丰富多样。扇子的运用不仅限于舞台表演，还延伸到影视作品、舞台剧和其他艺术形式中，为功夫扇注入了新的艺术价值和表现力。

功夫扇在不同时期承载着丰富的象征意义和文化内涵。从武术文化到文人雅士的审美情趣，从社交礼仪到民俗信仰，从女性美学到舞蹈艺术，从时尚潮流到传统工艺，功夫扇在历史的长河中不断演绎着多样的文化形态和意义，丰富着中国传统文化的内涵。通过对功夫扇的研究和传承，我们能够更好地理解和欣赏中国传统文化的独特魅力。

四、现代功夫扇文化传播案例

武术作为中华民族传统体育项目，蕴含丰富文化价值与健身养生智慧。在全球化和信息化浪潮下，传统武术科普面临传播渠道狭窄、形式单一等挑战，难以满足大众对武术文化日益增长的需求。新媒体技术的蓬勃发展为武术科普带来新机遇。本案例以上海视觉艺术学院武术功夫扇的项目开展为切入点，探索多元媒介融合的科普模式，构建全方位、多层次的武术科普体系，旨在拓宽武术文化传播路径，提高大众对武术的认知与参与度，推动武术文化传承与发展。

（一）案例实施的主要做法

在武术文化传播与推广的过程中，实现内容呈现创新、创新科普模式，拓展传播渠道成为关键所在。本案例以武术中的功夫扇项目为例，精心构建线上线下协同的科普体系，提升科普效果的落地实效性。力争起到示范作用，使得在武术项目中具有可复制性和可推广性。主要做法如下：

1. 内容呈现创新：将武术与现代科学知识相结合

在武术科普领域，注重武术与多学科知识的融合，创新内容呈现形式。在跨学科融合方面，开展多样化活动。从年轻化角度出发的内容创新：

（1）功夫扇与艺术设计结合。让年轻人结合自己专业用他们喜爱的方式来表达并进行创作如动画视频和宣传海报等，以此激发年轻人对武术文化的深入挖掘与热爱，实现年轻化传承。

（2）功夫扇与文学的融合。挖掘动作蕴含的典故与寓意，以文学故事为载体，创建以武术典故寓意为题材的故事绘本以及公众号连载故事，实现武术文化的多途径传播，传递传统文化内涵。

（3）功夫扇与科技的融合。通过多维度、跨学科的内容呈现，满足不同学习场景和不同人群的需求。借助科技赋能，如功夫扇与多专业融合的IP形象设计，利用3D打印技术让武术变得更加形象化，实现成果落地转化，推动武术科普事业创新发展。

2. 利用新媒体平台，形成富有中国特色的武术/功夫扇新媒体生态系统

抓住新时代年轻人的行为习惯和心态，让武术文化融入他们的学习和生活。利用市场现有的新媒体平台，建立一个文武兼备的完整武术科普生态系统，"文——以公众号推送文章为普及，武——以抖音发布视频体现动作精华，小程序则是系统化学习的综合智能体"。有效帮助学生利用碎片化时间学习，全方位深入他们的学习和生活中，提升武术科普效果。

（1）公众号：普及功夫扇文化内涵。公众号以文化理论为核心，定期推送与功夫扇相关的科普文章。围绕着历史文化、典故寓意、制扇技艺等科普知识，将上面的主题融入现代元素以及年轻人喜欢的热点知识形成专题化知识体系，提升理论传播的趣味性与渗透力。

（2）抖音平台：利用短视频驱动快速掌握动作技能。通过制作武术科普短视频、开展线上直播教学和互动活动，让用户在娱乐中学习武术知识和技能。比如制作功夫扇重点动作短视频系列，将晦涩的武术理论转化为通俗易懂的可视化内容，并借助抖音独有的推荐算法精准触达兴

趣相似群体将其快速传播。

（3）小程序：建立数字化传承平台，满足个性化学习需求。建立集内容分类、个性化学习和综合测评于一体的武术科普应用小程序，沉淀数字化资产，积累用户行为数据。

引入主动式AI助教，在学习过程中分析用户的学习难点和薄弱环节，智能推荐学习路径、提高学习效率，并通过用户行为数据优化内容供给，从而打造一个全方位的武术科普-功夫扇学习平台。

3.机制创新与长效运营：构建武术传承生态体系

（1）建立"产学研"协同机制。联动高校资源，与松江大学城各学校合作，共享各高校优势资源，建立长效的合作机制。建立校企合作，联合文创企业、科技公司落地IP手办盲盒等项目，通过"学生创作＋企业孵化＋市场转化"的模式，将武术文化研究成果转化为可传播的商品和内容，形成"教学—实践—产业"全链路传播闭环。

（2）打造常态化参与平台。设立"以赛促练"年度主题赛事与展览，通过组织比赛的形式促进功夫扇文化的交流学习，赛场外精心打造了文化展览区，形成品牌效应。建立武术文化积分激励机制，将本项目产出的文创周边、IP产品等作为兑换载体，形成自循环生态闭环，提升持续参与动力。

（3）构建人才培育梯队机制。选拔功夫扇比赛学生，经系统培训与综合测评，优秀者担任教练并纳入人才梯队，并建立"以老带新"传承机制，形成学生群体间武术文化代际传递模式，实现技艺与文化的自主延续与广泛传播。

（二）案例取得成效

注重实效提升科普效果。通过科学的方法（比如小程序的综合测评）评估科普活动对受众的影响，下面用数据说明科普的实际效果。

1.新媒体传播效能显著提升

在新媒体传播方面，形成立体化传播网络，公众号发布文章超过100篇，粉丝数超500人，总阅读量超过8 000次，最高单篇阅读量1 000余次，通过数据表明这些科普内容有效拓展了学生了课后学习需求，也为之后的内容优化更新提供了实践参考依据。抖音平台累计发布短视频250条，总播放量超90万次，平均视频播放量超4 000次，最高单条播放量超18万次，粉丝数量超1 500余人，验证了短视频在动作技能教学中的有效性。

2. 个性化学习体系成效凸显

针对学生的能力程度以及知识的难易度，借助功夫扇小程序，通过设置个性化的学习内容适配不同需求的学生。累计小程序注册用户数超1 000人，单日访问页面数2 518，小程序人均停留时长606.98秒，累计完成个性化学习超过200个课程。

经过小程序后台数据统计及多元化的学习内容设置后，环比之前的学习，利用课余碎片化时间进行武术文化学习的学生比例从10%增长到80%，实现精准触达。

3. 竞赛成绩明显提升

经过武术文化科普的学生在上海市阳光体育大联赛等武术赛事中成绩显著提升，表现优异并多次荣获一等奖。同时在首届松江大学城功夫扇联赛中取得团体赛一等奖的好成绩。这不仅证明了科普教学的有效性，同时也激发了更多人对武术功夫扇的兴趣。

4. 社会辐射效应持续扩大

本案例受到松江融媒体多次专题报道，报道内容也被新华社平台转载，进一步扩大了本案例的影响力。依托上海市万村女性社会指导员培训项目，对上海市150多个街道的社会体育指导员进行了武术功夫扇的培训，推动功夫扇从校园向基层社区延伸，扩大了武术科普范围。

（三）经验启示

1. 综合全方位的武术科普体系并可复制推广

本案例基于中国现有的社交平台，有效结合各平台定位特色，构建起全方位的武术科普体系，为用户提供了多样化的学习体验。这种方式也大大降低了用户操作门槛，以实现低成本高效率的资源共享，打破地域壁垒，完成全国范围的传播推广，构建了可规模化复制的武术科普模式。

2. 拓展合作渠道从而扩大武术科普的传播范围

强化用户运营，进行文化及实践的全方位普及，定期举办线上线下活动。通过平台互推共享资源、联合创作优质内容、协同举办主题活动等多元化方式，拓宽武术文化传承渠道，扩大武科普传播覆盖面，进而吸引更多年轻群体关注，推动功夫扇在新时代背景下的年轻化传承。

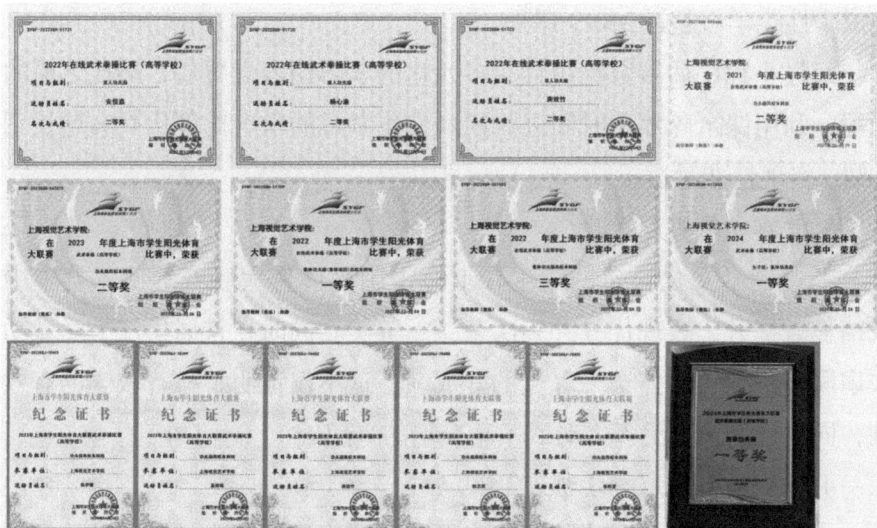

上海市阳光体育大联赛武术赛事中，上海视觉艺术学院多次荣获一等奖

首届松江大学城功夫扇联赛中，上海视觉艺术学院荣获团体功夫扇一等奖

抖音短视频系列作品截图

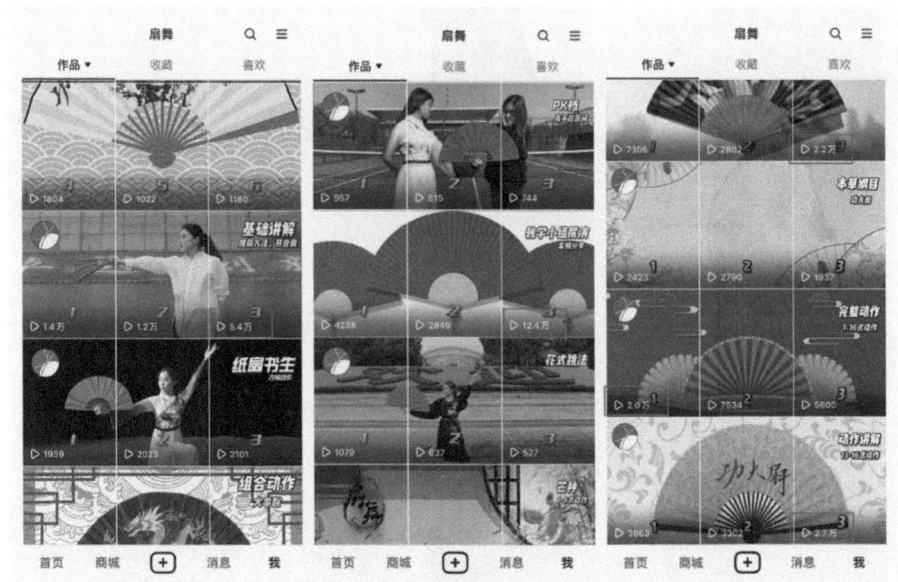

抖音平台学习界面截图

功夫扇数字化传承小程序后台及学习界面截图

功夫扇与艺术设计结合的宣传海报

功夫扇与文学融合的以中华传统礼仪为主题的故事绘本

功夫扇与科技融合的学校专业IP形象

功夫扇与科技融合的"穿越时空的功夫扇传承之路"AI视频

"二次元功夫扇教室"AI视频

首届松江大学城功夫扇联赛图片资料

主编参加王小慧艺术馆"平行时空AIGC艺术展",呈现功夫扇动作的转绘

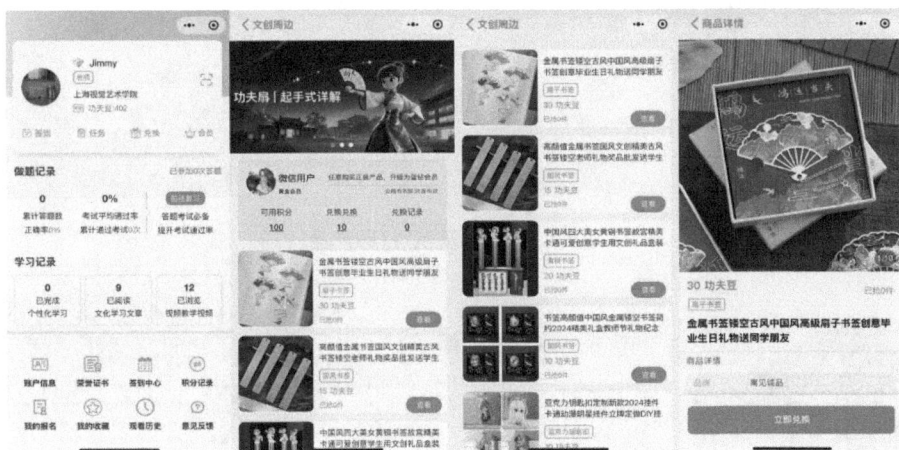

武术文化积分激励机制

人才培育梯队机制建设——功夫扇教练团队

功夫扇IP手办及3D打印产品

新华社客户端、松江融媒体相关报道

第四章

功夫扇的哲学思想

功夫扇一招一式的动作蕴含着中国传统哲学的深邃智慧，也映射着独特的审美意趣。本章从传统思想根源与审美表达维度，剖析功夫扇如何以肢体语言以及文化寓意诠释哲学思辨，展现中式美学的独特韵味。

第一节　功夫扇与中国传统思想

　　中国传统文化是融合了儒、墨、道、法、释等思想的综合性文化。其中，儒、释、道三家学说基本构成了中国传统文化的主体框架，塑造了中国人的意义世界。它们是中国人的信仰系统、价值判断标准，也是解释范式、礼仪规范、身份认同及意识形态的根基。在中国文化数千年的流变之中，儒、释、道的基本精神早已渗透到人文经验和思想习惯中，早已精微细密地内化于中国人的日常生活形态和语言形态中。传统保健体育项目深受中国传统文化的熏陶，它们不仅以肢体语言阐释着儒、释、道文化，更以身体力行的方式体验着儒、释、道各家之理。既有体育保健功能又有艺术表演色彩的功夫扇项目也是如此。

一、功夫扇与儒家思想——演绎平衡之美

　　功夫扇与儒家思想有着紧密的联系。

　　其一，功夫扇强调"仁爱""和谐"的概念，其操练也体现了儒家思想中的仁爱观念。儒家认为，人际关系的和谐、差序格局的维持十分重要，依托仁爱的理念和行为，可以实现社会的和谐与稳定。在功夫扇项目中，练习者协调的动作、扇子的一开一合展现了一种和谐的美感。功夫扇的技法动作需要练习者以柔和、优雅的姿态来展开，这体现了对

他人和周围环境的敬重和关爱。这种对和谐的追求，使得功夫扇成为一种通过身体语言传递仁爱与和谐的活动。

其二，功夫扇项目强调礼仪和规范的重要性，其操练也体现了儒家思想中的礼仪观念。儒家认为礼仪是社会秩序的基石，也是个人修养的起点和落脚点，礼仪道德优先于技艺之掌握，"未曾学艺先学礼，未曾习武先习德"，个体应该遵守社会规范和道德准则。在功夫扇项目中，扇子的开合和舞动需要遵循一定的动作规范和节奏要求。扇子的操作需要练习者以整齐划一的方式完成，这体现了对规范和秩序的尊重，也使得功夫扇项目不仅仅是一种身体的锻炼，更是一种人格培养，引导个体尊重社会的公序良俗。值得一提的是，在儒家礼仪观念的深刻影响下，功夫扇衍生出了一系列具体的、形式化的礼仪，并将之融入练习者的日常训练和行为举止。

抱扇礼

其三，功夫扇的招式动作与儒家的"中庸""中和"思想相呼应。儒家的中庸思想注重均衡和中正，追求身心的和谐。中和理念为保健体育项目的内涵发展开拓了空间，也提出了要求，比如对身体姿势的要求是立身中正、不偏不倚，对神态的要求是中正安舒等。这些都为功夫扇的锻炼奠定了扎实的文化基础。可以说，功夫扇的肢体语言完美地诠释了"中庸"和"中和"的思想内核。功夫扇要求练习者注重身体的平衡和动作姿势的协调，有些专门动作如"转身式""振手腕""折扇转动"等，都强调展开与收拢、松弛与紧绷之间的平衡，既要展现力的刚猛，又要保持柔之美感。总之，功夫扇的练习要遵循左右平衡、前后对称、动静相宜、刚柔并济的原则。参加功夫扇，人们不仅锻炼了身体，还可以培养中正平和的心态。

其四，功夫扇作为一项体育运动形式和艺术表现形式，具有独特的审美价值，与儒家的美育思想相呼应。儒家的美育思想既注重内在的美德修养，又注重外在的仪表仪态。它鼓励对自然美、艺术美的感知与欣赏，强调培养人的审美意识和审美能力的重要性。功夫扇的练习和表演，正好提供了一个美育的平台。在学习训练的过程中，在为表演或比赛做准备的过程中（或表演比赛时），参与者一方面要感受扇子的材料质地、形态结构、设计装饰，另一方面要考虑怎么舞扇好看、动作怎么协调、过渡怎么自然、身段怎么优雅，并且将思考付诸实践。在此期间，这些思考与练习激发了审美意识，提高了审美能力，让观者获得了审美愉悦。

其五，功夫扇项目注重师徒传承的关系和学习活动的开展，体现了儒家思想中的师道观念。儒家强调师徒关系的重要性，认为通过师长的教育和指导可以实现个人的成长和进步。在功夫扇项目中，练习者需要寻找合适的师父并接受其指导，由此习得扇子的技巧和动作。练习者需要尊敬师父、虚心学习，并通过不断的实践和反思来提升自己的技能和修养。这种师徒传承的关系和重视学习的理念，使得功夫扇成为一种重视传承、重视学习过程的活动。功夫扇的学习操练符合儒家的师道思想。

其六，功夫扇项目强调身心和谐、修身养性，与儒家思想中的修身观念相呼应。儒家认为个体应该通过修身养性来达到人格的完善、心与物的平衡。在功夫扇运动中，练习者需要通过扇子的开合、舞动和身体的动作来调节身心状态，争取达到一种和谐的境界。练习者需要放松身心，同时专注于练习，培养内在的平静和稳定。通过不断地研习和修炼，练习者可以提高自己的身体素质、心理素质和道德修养，达到身心和谐的境界。这种注重身心和谐、修身养性的观念，使得功夫扇成为一种有益身心健康、提升道德修养的综合活动，符合儒家的修身思想。

儒家思想以仁义礼智信、中庸之道为核心，功夫扇在传承传统武术文化的基础上，通过刚柔并济与中正平和的舞台表演将儒家的哲学理念融入其中。因而，功夫扇是一项体现伦理道德和人文精神的活动，对个人的成长和社会的和谐都有积极的作用。

二、功夫扇与道家思想——与无为而治的精彩对话

道家是中国古代哲学学派之一，强调顺应自然的因循与变化，主张无为而治，注重人与自然的和谐共生。在道家思想中，"人法地，地法天，天法道，道法自然"，"自然"是至高、至善、至美的存在。扇子作为一种艺术品和日常用具，其形式和使用方式，与道家的天人合一、物我两忘、无为而治、以自然大化为美的观念相契合。

首先，扇子的形式结构与自然和谐的精神相契合。扇子通常造型简单而优雅，以轻盈的材质制成，这种简约的设计和轻盈的质感使扇子具备一种纯粹、自然的美感。扇子的形状通常呈对称状和流线型，与自然界中的曲线、对称现象相呼应。扇子的形式符合道家对自然之美的敬仰和追求，强调与自然的和谐共生。

其次，扇子的使用方式也体现了道家的审美观念。在使用扇子的过程中，人们以轻柔、舒展的手势展开扇子，以柔和的力度摇摆扇子。这种使用方式顺应了自然而流畅的节奏，体现了道家注重平衡与和谐的精神。使用扇子的动作通常是自由而无拘束的，不过分追求华丽，也不炫技，而是以舒适和自然为目标。这与道家无为而治的理念相契合，强调

通过自然而非强制的方式来达到平衡与和谐。

再次，扇子的图案和装饰也呼应了道家以自然大化为美的追求。扇子上常见的图案包括山河景观、花鸟虫鱼等自然元素，以及抽象的自然纹样。这些图案以简洁而流畅的线条勾勒出自然界的美感，凸显了对自然的敬畏和欣赏。图案中常使用的颜色也常常是自然色调，如淡雅的绿色、蓝色、粉色等，呈现出宁静和谐的氛围。

最后，扇子的简约和轻盈是道家审美观念的重要体现。道家强调顺应自然之道，主张通过无为而治的方式来达到和谐与平衡。扇子的设计简约而不繁杂，追求自然淡泊之美，不刻意追求华丽，没有烦琐夸张的装点和过度的修饰。材质轻盈，使得扇子在使用时舒适、自在。这种简约轻盈的特点与道家追求自然、平衡和无为而治的精神相契合。

扇子的审美价值不仅在于其外在的形式美，更重要的是它所传递的道家哲学思想和审美观念，让人们感悟到与自然和谐共生的美好境界。

以上所谈的是一般的中国扇，而功夫扇也和道家思想有一定的联系。功夫扇项目传承了道家中的一些观念，功夫扇的操练和形式体现了道家的哲学思想和生活态度。

首先，功夫扇的动作注重自然和谐的表现，体现了道家思想中的自然观念。道家认为自然是宇宙的本源，强调人与自然的和谐统一。而功夫扇运动通过扇子的开合、舞动和空间变化，追求一种自然流畅的美感。功夫扇动作和姿态模仿了自然界的风、水、云等元素，展现了一种与自然相融合的舞蹈形式。这种自然和谐的表现使得功夫扇成为一种身心合一、修身养性的方式，与道家追求自然和谐的思想相契合。

其次，功夫扇项目强调内外兼修，尤其注重内功的修炼和心境的调整，这与道家内观修行的观念一致。道家强调内在的修炼和心性的培养，认为通过内观和内省可以达到身心的平衡和自我完善。在功夫扇项目中，练习者需要经过一定的训练，让呼吸与招式同频，并进一步调整身心状态，达到内外相合的境界。练习者需要专注于扇子的动作和自身的呼吸，通过内在的修炼来达到身心的和谐。这种内观修行的观念使得功夫扇项目不仅仅是一种身体上的锻炼，更是一种心灵上的修炼。

再次，功夫扇项目体现了道家的无为而治观念。道家认为自然的运行是自然而然的，强调顺应自然、随遇而安。在功夫扇的操练中，练习者需要以柔和的姿态和流畅的动作来应对扇子的开合和舞动。练习者需要顺应扇子的动作幅度、节奏和力度，刚柔相济、顺势而为。练习者不应强行干预扇子的运动，而是应该顺应和适应扇子的动静变化，从而实现整套扇舞动作的流畅和谐。人们可以将功夫扇的实践经验迁移到日常生活中，学会顺应自然、随遇而安，以达到一种无为而治的境界。

最后，功夫扇项目还与道家思想中的身心合一和调息养生观念相契合。道家认为身体和心灵是相互关联的，呼吸的调节有利于健康养生，有助于达到身心合一的境界。在功夫扇运动中，练习者需要让扇子的开合和舞动与身体的动作和呼吸相协调。扇子的开合和舞动需要配合呼吸的调节，以达到身心的和谐和平衡。这种呼吸调节的练习方法，使功夫扇既能强身健体又能修身养性，这也符合道家身心合一和调息养生的思想。

比如功夫扇动作中的怀中抱月，动作圆润柔和，讲求"以柔制刚"。这一招式模拟抱月于怀，意在强调"天人合一"的哲学思想。在中国传统文化中，"月"象征着团圆、和谐与光明，怀中抱月寓意武者以平和之心修身养性，不以蛮力取胜，而是以巧妙的身法与内在修为化解冲突。

这一动作的灵感来源可以追溯到道家的修行理念。古人认为，月亮的盈亏象征人生的起伏，而真正的强者懂得顺势而为，以柔克刚。功夫扇的演练中，怀中抱月不仅是外形上的美感展现，更是一种内在精神的修炼。

"怀中抱月"动作理念

三、功夫扇与佛教思想——遇见灵性

功夫扇与佛教思想也有一定的关联。

佛教强调修身养性，功夫扇本身也是一种修养功夫，既锻炼身体，又涵养心性，完善人格，追求身心的平衡。佛家提倡"明心见性"，讲求顿悟或渐悟，功夫扇的最高境界同样要经过多年的练习体悟才能达到。在优美的动作语言中，舞者通过技艺的重复练习与自身精神的持续涵养，驰骋于心性的边际。扇面的随意挥洒与舞步的优雅流畅相得益彰，所呈现出来的恰到好处与从容不迫，体现了佛教意境中的空灵与澄净。舞者不仅展现了身体方面的技艺，更在扇舞中实现了内在的净化与提升，这正是功夫扇的魅力所在。

功夫扇项目强调内心的宁静和修养，与佛家的修行思想相契合。佛教教义强调内心的净化以及超越世俗的欲望，追求通过修行以实现内心的平静和解脱。功夫扇的舞蹈表演要求舞者保持内心的平静和专注，将注意力集中于扇子的动作和呼吸的节奏上。这种专注和内心的平静有助于舞者排除杂念和外界的纷扰，进入一种沉浸式的状态。在舞蹈过程中，舞者通过扇子的舞动表达自己的情感和内心的状态，同时也通过专注于舞蹈的细节，达到内心的平静和解脱。

功夫扇的练习和表演也与佛教缘起性空的思想相呼应。缘起性空的观点认为，一切事物都是相互依存、相互关联的，因缘际会、和合而生，没有永恒不变的实体，也没有先天固有的自性。功夫扇的舞蹈动作通常是流畅而连贯的，通过扇子的舞动传递出一种变化无穷、流转不断的美感。这种流动性的表达与佛家缘起性空的观念相契合，呈现了一种无常和无我的境界。舞者在扇子的舞动中，感受到时间的流逝和事物的无常，从而培养出一种超越个体和物质的视角，体悟到生命的无常和宇宙的广大。

功夫扇的修行过程还与佛家的慈悲心与善念的培养相契合。佛家注重慈悲心和善念的培养，以利益众生和提升个体修行。在功夫扇舞的表演中，舞者通过扇子的舞动表达自己的情感和内心的状态，传递出一种

美好、和谐的氛围。这种表达方式有助于观众产生共鸣，感受到慈悲心与善念的力量，从而培养出一种积极向善的心态，并将这种心态延伸到日常生活中。

值得一提的是，在佛教的传播过程中，佛家的审美观念融入了各种艺术形式和文化活动，对它们产生了不可忽视的影响。佛家的审美理念强调内心的平静、精神的解脱、超越物质世界的境界以及对美的直观体验，引导人们寻求真正的美和内心的满足。这种审美观念不仅丰富了艺术和文化的内涵，也为人们提供了一种超越日常生活、启迪内心的方式。自然，舞蹈和表演艺术也受到了佛家审美观念的影响。佛教舞蹈注重舞者的内心体验和对超越性的表达。舞蹈作品通过舞蹈者的身体语言和姿势，表达内心的平静、解脱和超越。舞蹈动作的流畅、优美与和谐，传递出内心宁静和谐的境界。表演艺术也常常运用佛家审美观念，通过演员的表演和情感表达，揭示人类心灵的痛苦、追求和智慧，引发观众对生命和人性的思考。功夫扇的舞蹈和表演也可以从中获取借鉴和启发。

综上所述，功夫扇在使用中强调内心的宁静和心性的修养，与佛家的修行思想相契合。功夫扇舞蹈和表演要求舞者保持内心的平静和专注，体现了佛家追求心灵净化和超脱尘世的目标。同时，功夫扇的舞蹈动作和表演也与佛家的核心观念相契合，如缘起性空、身心的和谐与平衡，以及慈悲与善念的修行。这种修行精神使得功夫扇成为一种具有内涵和禅意的艺术形式，它能够帮助人们排除杂念，安抚内心，追求身心和谐，培养慈悲心和善念。

第二节 功夫扇与中国审美

一、"有无相生"与功夫扇相得益彰

"有"和"无"在道家哲学中占有重要地位。《道德经》第四十二

章："道生一,一生二,二生三,三生万物,万物负阴而抱阳,冲气以为和。"第十六章"夫物芸芸,各复归其根"。第十四章"绳绳不可名,复归于无物"。可以说万物经历了一个由无到有,又复归于无的过程。"开合随意,造型纷呈"是《太极扇教程》里所提出的太极扇扇术特点,功夫扇也是同样的道理。书中还提到,太极扇扇法丰富,变化多端,合扇时以技击的"点"为主要表现形式,开扇时以技击的"面"为主要表现形式。如果将开扇时从"点"到"面"类比为"从无到有"的过程,将合扇时从"面"回到"点"类比为"从有到无"的过程,开扇合扇便具有了"有无相生"的哲学意味。由于美学源自哲学,是哲学的一部分,且美学的思想基本上来自哲学,所以,"有无相生"这一哲学命题也被美学所引用。姚丹在论述"有"和"无"对艺术创作的影响时说道:"就艺术创作而言,老子的有无论阐明了有无的相生与统一,成为中国古典美学虚实说的源头。"李天道也提出:"在中国古代美学中,老子所谓的'有无相生'之所以成为一个基本命题,就在于它是自然万物构成的精妙表述,蕴含有'有''无'一体,宇宙万物和合交通、交相构成的思想。"[①] 以太极扇的开合象征"有无相生"的美学命题,乍听有些牵强附会,经过细细品研,方知这并不全无道理,因为所有功夫扇套路都是以练习者手持扇棒(折扇合起时称为扇棒)开始,此时可谓折扇"无"的状态。练习时打开折扇,可谓"有"的状态。练习过程中,经过合扇,再开扇,再合扇,加之云扇、穿扇和切扇,配以抛接扇、刺扇和扫扇,最后又以合扇收势。这个过程可谓由无到有,由有到无,有无相生。

二、和谐旋律让功夫扇散发美的韵味

音乐的作用有很多,《乐记》中所述"致乐以治心""乐动于内,礼动于外",是指音乐在社会伦理规范上起着中和的作用。在功夫扇项目

---

① 李天道.中国古代美学之自由精神[M].北京:中央编译出版社,2013.

中，配乐是表现功夫扇运动美的辅助形式，它所起到的作用有很多，比如控制功夫扇动作的速度，渲染功夫扇的意蕴，强化功夫扇的艺术表现力等，其中一个重要作用就是，将多种差异性、异质性元素融合、统一。

功夫扇作为中国传统武术与艺术相结合的独特形式，蕴含着深厚的文化底蕴与独特的审美价值。其与音乐的配合，不仅是动作与旋律的呼应，更体现了中国传统审美观念在艺术表现中的深度融合。

功夫扇的动作编排与音乐节奏的配合堪称精妙绝伦，两者相辅相成，共同塑造出独特的艺术魅力。从传统武术的角度来看，功夫扇的一招一式皆有其内在的节奏与韵律。武术动作讲究"起、承、转、合"，开扇、合扇、刺扇、劈扇等动作，恰似武术中的攻防招式，有着鲜明的节奏感。当与音乐相结合时，这种节奏得到了进一步的强化与升华。

在许多功夫扇表演中，常常选用具有浓郁中国风格的音乐。这些音乐多以民族乐器演奏为主，如鼓、二胡、古筝等。鼓的节奏强烈有力，能够激发人们的斗志，增强表演的气势。在扇舞中，鼓点的强弱变化与功夫扇大开大合的动作相呼应。当舞者做出大幅度的劈扇、抡扇动作时，往往伴随着强烈的鼓点，使整个表演充满力量感。二胡的音色悠扬婉转，能够表达细腻的情感，为扇舞增添了几分柔和与抒情的氛围。在一些慢节奏的扇舞动作中，二胡的旋律如潺潺流水，与扇子轻柔的摆动相得益彰，展现出中国传统艺术中刚柔并济的审美追求。古筝的清脆悦耳则为音乐增添了灵动的色彩，与功夫扇灵动多变的动作相契合，共同营造出一种飘逸潇洒的美感。

旋律是音乐的灵魂，它通过音符的高低、长短、强弱等变化，表达出各种不同的情感和意境。功夫扇表演的音乐旋律往往具有鲜明的民族特色和独特的情感内涵。许多旋律取材于中国传统民间音乐或古典音乐，这些旋律经过改编和重新创作，与功夫扇的动作完美融合。旋律的起伏变化与功夫扇动作的节奏变化紧密相连。旋律的高潮部分往往对应着扇舞动作的高潮，如舞者做出高难度的跳跃、旋转动作时，旋律也随之达到激昂的顶点，使整个表演达到震撼人心的艺术效果；而旋律的舒缓部分则与扇舞的慢动作相呼应，展现出一种宁静、优雅的美感。

功夫扇与音乐在节奏、旋律、情感表达等方面的深度融合，体现了中国传统审美观念中对和谐、统一、刚柔并济的追求。通过音乐与武术动作的完美配合，功夫扇不仅展现出了强大的艺术感染力，更成为传承和弘扬中国传统文化的重要载体，让人们在欣赏和参与中，领略到中国审美文化的独特韵味。

三、四字格式功夫扇动作名称的意蕴

黄莺落架、鱼跃龙门、神龙返首、白鹤亮翅、风摆荷叶、翻花舞袖、推窗望月、风扫秋叶……这些诗情画意的"四字格"式的词语就是功夫扇的招式名称，其用词精炼贴切、寓意深远，又极具古典韵味，能传达给练习者一个完整的、生动的动作形象，激发练习者的形象思维，引领练习者进入一个意蕴横生的美感世界。

四字格式的招式名称言简意赅，诗情画意，往往既能概括一个神话故事或历史典故，又蕴含武术动作的意象和哲理，有着其他语言形式无

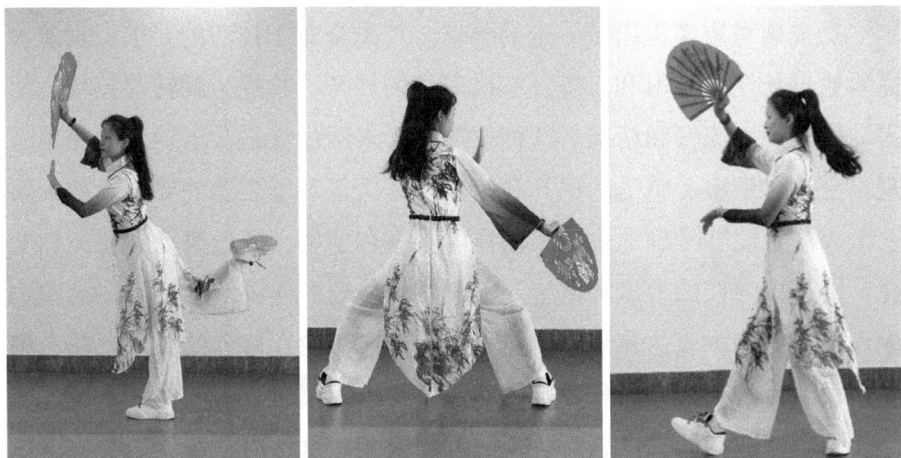

功夫扇动作

法替代的信息量。功夫扇的招式名称为它深厚的文化底蕴增加了审美特点。这些名称独具特色，概括力强、生动形象，而且富有诗意，能唤起人的美感，如黄莺落架、凤凰旋舞、推窗望月等，词语优美雅致、对仗工整，犹如一幅幅活生生的人和自然和谐相处的画卷。

四、美学在功夫扇的体现

功夫扇不仅是一种武术道具，更是一种艺术表演形式，融合了中华传统美学观念，展现了中国文化的深厚内涵。

（一）动作表演的美学呈现

功夫扇表演自身具有丰富多样的审美价值。通过扇面及舞台的设计和音乐的配合，表演者用熟练的技巧和精准的动作，展现出扇面展开、收拢、翻转等变化。音乐编排和身体语言相结合，形成了一种流畅、协调和优雅的动态美。扇面的图案装饰和色彩搭配，体现了对于形式美和装饰美的追求。动作的舒展、流畅和协调，展示了肢体美和动态美。音乐的节奏和韵律，增添了节奏美与和谐美。这些元素的综合运用，使得功夫扇在审美上具有丰富的层次和多样的表现形式。

功夫扇对审美提出了一定的要求。首先是对于技巧的要求。表演者需要通过长期的练习和修炼，掌握扇面的展开、收拢、翻转等技巧，使得动作准确、流畅和精准。这种技巧的要求不仅仅是对于动作的完美呈现，更是对于审美感受的提升和传达。其次是对于表演的要求。功夫扇要求表演者能够准确地表达出动作的美感和情感，通过舞动的姿态和变化，传递出内在的力量和情绪。不仅要求技巧的熟练，更需要在动作中融入个人的艺术表达和情感表达。最后是对于内在修养的要求。功夫扇注重表演者的自我修养和身心的和谐，要求表演者具备内在的平衡、宁静和力量，他们能够使表演更具深度和内涵。这种内在修养的要求不仅影响了表演的质量，也影响了观众对于表演的感受和审美体验，体现了中国传统美学中的人文关怀和道德观念。

功夫扇通过技巧、表演和内在修养的要求，提升了观者的审美观念。观众在欣赏表演时，会对于技巧的熟练程度、动作的美感和表演的情感表达进行评判和欣赏。观众通过欣赏和体验，逐渐培养出对于功夫扇的审美情趣和鉴赏能力。他们会对于扇面的设计、动作的表演和艺术的意义产生兴趣和思考，从而推动审美观念的发展和丰富。

（二）形式美学的塑造

扇子的独特形状和结构赋予了它一种简约而流畅的美感。扇子通常采用圆形或扇形的扇面设计，这种形状本身就具有一种和谐的美感。圆形象征着完整和无限，而扇形则展现了一种优雅的曲线美。此外，扇子的结构也非常精巧，由竹子或木材制成的扇骨支撑着扇面，形成了一种稳定而有序的结构。这种简约而流畅的形状和结构使得扇子在审美上显得精致而雅致。

扇子的开合和展开动作以及扇面的展示方式，通过优雅的运动和空间变化，形成了一种动态美感。当扇子展开时，扇面在空间中呈现出流畅的曲线和变化，展示出一种优雅而协调的动态美。扇子的开合动作可以通过不同的速度和力度来表达不同的情感和意境，让观众在欣赏中感受到动态的艺术美。此外，扇子还可以通过不同的展示方式来呈现多样的美感，如手持舞蹈中的舞姿，或是扇面在空中划出的轨迹等，都为观众带来视觉上的美感享受。

扇子的轻盈和手感给人一种舒适、愉悦的感觉，强调了审美中的触感和质感。扇子通常采用轻质的材料制作，使得它在手中感觉轻盈而舒适，给人一种愉悦的触感。在使用扇子时，可以通过手指的动作和扇子的触感来感受到其中蕴含的美感。此外，扇子的材质和工艺也会影响观众对于扇子质感的感受，如竹子的纹理和木材的质感等都为扇子增添了一种自然而质朴的美感。

这些元素共同构成了功夫扇表演中形式美学的塑造，为观众带来了一种独特而愉悦的审美体验。

（三）图案美学的表现

这些图案的选择和设计往往与自然界、文化传统和历史背景息息相关。花鸟图案展现了自然界的美丽和生机，山水图案描绘了壮丽的自然景色，人物图案则展示了人们的生活和情感。图案的多样性和丰富性使得扇子成为一种艺术品，能够满足不同人群对于美的追求和审美品位的需求。

扇面图（左图为明代沈仕所绘的山水扇页，中图为清代沈翰所绘的山水纨扇页，右图为明代宋旭所绘的《林塘野兴图》扇页）
（图片来源：故宫博物院藏）

图案的设计和绘制注重线条的流畅和色彩的协调，强调整体的和谐与美感。图案的线条通常以流畅和优雅的曲线为主，营造出一种柔和而舒展的美感。线条的精妙设计和绘制技巧使得图案在扇面上呈现出一种精致而协调的艺术效果。此外，图案的色彩选择也非常重要。色彩的搭配和协调能够增强图案的视觉冲击力和美感，使得扇子更具吸引力和艺术性。

扇面上的图案不仅仅是装饰，更承载了文化、历史和情感的寓意。通过图案的设计和绘制，艺术家能够传达一种特定的思想、情感或象征。例如，在中国传统文化中，某些花卉和动物具有象征着吉祥、富贵、长寿等寓意，这些元素经常出现在扇面的图案中。这些寓意和象征通过视觉的感知和理解，引发人们的共鸣和思考。图案所传达的文化和历史背景也使得扇子成为具有独特韵味和文化内涵的艺术品。

　　除了寓意和象征，图案美学还可以通过形式和构图的手法来表达艺术家的创造力和个性。一些艺术家会运用各种创新的图案设计和绘制技巧，打破传统的束缚，展示出独特的艺术风格和表现方式。他们可能通过抽象、夸张或几何的形式来呈现图案，使得扇子更具现代感和时尚感。

　　总体而言，功夫扇以其独特的形式美学和图案美学，以及与儒、释、道哲学思想的关联，对人们的审美观念产生了深远的影响。它不仅塑造了人们对美的理解和追求，还传承了传统文化的精髓，培养了人们的审美能力和情感表达。通过扇艺，人们能够感受到形式美学和图案美学的魅力，体验到与自然、与他人、与内心的和谐，进而提升自己的审美品位。

第五章
披上战袍的功夫扇

当功夫扇邂逅汉服元素，便开启了一场传统与时尚交融的创新之旅。从设计理念到实践应用，跟随功夫扇"披甲上阵"，见证其借服饰焕新实现的蜕变，探索文化传承的创意路径。

第一节　让功夫扇披甲上阵——汉服元素的应用

一、汉服的起源与演变

汉服又称汉衣冠、汉装、华服，是从黄帝时期到明末清初，在汉族的主要居住区，以"汉"文化为背景和主导思想，以华夏礼仪为中心，通过自然演化而形成的具有独特汉民族风格气质，明显区别于其他民族之穿戴的传统服装和配饰体系。汉服可以说是"礼仪之邦"文明的体现，包含了30多项中国非物质文化遗产及受保护的中国工艺美术。

汉服并不是单一的一件衣裳，而是衣、冠、发式、面饰、鞋、饰物等共同组合而成的整体的礼仪系统。其基本特征是交领右衽、褒衣宽袖、系带隐扣，讲究天人合一，以其平淡自然、柔美流畅、含蓄委婉、典雅清新的气质，展现柔静安逸、娴雅超脱、泰然自若的民族性格，体现中国人平和自然、与世无争、宽厚仁爱的人生境界。

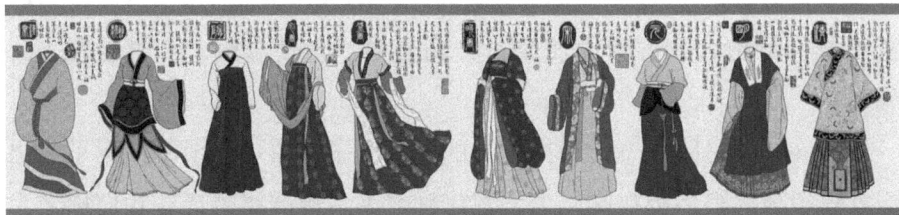

多样的汉服样式

汉服历史悠久，源远流长。它起源于黄帝时代，在漫长的历史传承和发展中，形成了相对独立的服饰体系，具有比较独特的文化背景、比较鲜明的民族特色。

1. 商朝时期

冠服初步形成。服装主要由两部分组成，分别为上衣和下裙；一般以小袖居多，而且没有扣子；衣服的长度大多抵达膝盖上下；不分尊卑，全部制成上下两截。穿在上身的那一截，称为衣；穿在下身的那一截，称为裳。

2. 春秋战国时期

春秋战国时期多国并存，每个国家有不同的风土人情，受到不同流派学说的影响，因而服饰空前丰富。另一方面，北方游牧民族南下，短衫、长裤、靴子等非常有特色的胡服，给汉服的发展添加了新的元素。

3. 秦汉时期

秦汉时期的汉服承前朝的影响，仍以袍为典型，分为曲裾和直裾，袖也有长短两种样式。秦朝男女日常生活中的服饰形制相差不大，都是大襟窄袖，不同的是男子腰间系革带，女子腰间系丝带。秦朝时，"五德终始说"的思想渗透进了服饰里。皇帝规定男子服饰中的大礼服为上衣下裳；黑色为高级官员的着装颜色，三品以上官员着绿袍，庶人着白袍。汉朝的冠服制度大都承袭秦制，主要有袍、直身的单衣、襦裙（短衣裙）。

4. 唐朝时期

唐朝汉服最为独特，分为法服和常服。法服为传统的礼服、冠冕衣裳，是等级的象征，不同场合不同地位的人，会着不同的衣服出现。唐朝服饰形制大致可分为四类：齐胸襦裙、齐腰襦裙、半臂坦领、圆领袍。

齐胸襦裙是隋唐五代时期特有的一种女子襦裙。这个时期裙子的裙腰束得很高，很多都在胸以上，古代称之为高腰襦裙，现在我们称之为齐胸襦裙。众所周知，唐朝以胖为美。齐胸襦裙不挑身材、不论胖瘦，无论什么体型的女子都可穿出飘逸如仙的感觉，再配上华丽的配饰，仿佛就是画中走出的美丽仕女。

齐腰襦裙不论男女均可穿。因为裙腰与腰部齐平，故名曰"齐腰襦裙"。此类汉服上的襦可分为交领或对襟，交领是衣服领口呈Y字形，系带在右侧；对襟是衣服左右各有一条系带，两条系带可打结在身前，故而齐腰襦裙又可分为交领齐腰襦裙和对襟齐腰襦裙。

半臂坦领，其领口形状像U字形，其历史可以追溯到魏晋时期的一种短外衣。由于胡文化在唐代广泛流行，使得唐代女性穿小袖成为一种时尚。半臂坦领在隋唐时期深受宫女的喜爱，尤其在唐朝流传甚广，从宫中传至民间，得到普通家庭女子的青睐。

圆领袍的样式简单，袖口较为细窄，穿上它体感较为舒适，而且会显得干练利落、英姿飒爽。圆领袍历史非常悠久，在商朝就有记载，但它最受欢迎的时候是在隋唐。隋唐时期对外开放程度较高，朝廷对男女着装不作烦琐严苛的划分，故而男女皆可穿圆领袍。

唐　周昉《簪花仕女图》
（图片来源：辽宁省博物馆藏）

5. 宋朝时期

宋朝汉服相对而言偏向古朴、简约的风格。宋朝的圆领袍承袭了唐朝，但也有自己的独特之处，如在圆领袍的基础上加了褙子。宋制汉服的基本形制包括交领右衽、中缝、绳系等。

6. 明清及近代时期

明朝的服饰制度尤其严格，何等阶层穿何种款式、颜色都有明确规定，不可僭越。明朝时期，上承宋制汉服以及蒙古服饰的影响，妇女服装款式非常复杂多样，有襦裙、袄裙、半臂、大袖衫、纱衫、披风、云肩等。马面裙是当时最典型的女装款式。汉服发展到明朝，对周边国家的服饰体系产生了深远的影响，如15—16世纪的朝鲜的韩服、日本的和服就吸收了很多汉服的元素。

明朝灭亡后，清朝统治者大力推行满族发型和满族服装，禁止人民穿戴汉族服饰，史称"剃发易服"，这使得汉服逐渐消亡。辛亥革命推翻清朝专制帝制后，人们的思想趋于西化，改穿西式服装，并没有马上恢复汉服。到了21世纪初，随着中国综合国力的提升，人们开始审视我国传统文化中的优秀部分。很多人提出要恢复传统汉服形制，并身着汉服进行推广。伴随着传统文化的复兴，汉服也越来越受到人们的重视，越来越流行。

葱绿地妆化纱莽裙

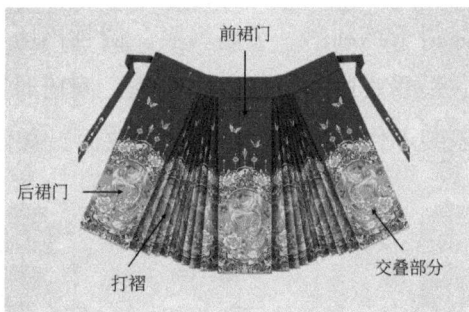

马面裙构造

马面裙在明代盛行
（图片来源：山东博物馆藏）

二、汉服在艺术与文化中的地位与影响

汉服不仅是服饰体系，更是中华古代文明的象征、传统文化的瑰宝，具有深厚的历史底蕴和独特的艺术价值。

1. 艺术表现与审美价值

汉服以其独特的形制、精致的面料和丰富多彩的装饰，在艺术表现和审美价值方面具有突出的地位。汉服注重细节的处理，凭借精湛的剪裁和工艺技巧，传递典雅的美感。其色彩的搭配、纹饰的设计以及绣花的缝制，都体现了中国古人对于美的追求、对于艺术创造的热情。

2. 文化认同与传承

汉服承载着丰富的历史与文化内涵。穿汉服不仅是一种服饰选择，更是对中华传统文化的认同和传承。人们通过穿戴汉服、学习汉服知识，可以深入了解古代服饰文化、礼仪制度以及社会风貌，增进对中国传统文化的认同感和自豪感。

3. 社会身份与仪式功能

穿着何种汉服在古代社会代表着地位和身份。在宫廷中以及其他重要场合，不同的汉服款式和色彩代表着不同的社会身份，体现了权力、地位和尊严，从服饰的选择中可以窥见社会等级的高低。

唐代贵族女性服饰和仕女服饰差异
（图片来源：中国国家博物馆展览）

4. 艺术创作与时尚设计

汉服对艺术创作和时尚设计产生了广泛的影响。许多古代绘画、文学作品和表演艺术中都有汉服的形象。如今，汉服的元素也被现代时尚设计师借鉴和运用，融入当代服装设计，实现了传统与现代的交融。

5. 文化交流与国际影响

汉服对世界产生了积极的影响。随着中国传统文化的国际传播越来越广、越来越深入，全球各地的人们都对汉服产生了兴趣，学习和穿着汉服的风潮逐渐兴起。汉服在时装秀、电影、舞台剧等文艺形式中的应用，为国际观众展示了中国传统文化的魅力。

"丝绸之路"项目35周年，汉服登上联合国教科文组织总部的舞台
（图片来源：联合国教科文组织微博）

三、汉服元素在功夫扇服装中的运用与表现

近年来，汉服元素在功夫扇服装的设计中得到了创新性运用，为功夫扇表演注入了新的艺术魅力。

1. 经典的剪裁与设计

汉服的经典剪裁和设计，例如立领、交领、宽袖和褶皱等元素，融入了功夫扇服装，形成了独特的服装造型，展现出古典而庄重的氛围。

2. 丰富的色彩搭配

汉服以其丰富多彩的色彩搭配而闻名，这种色彩的运用也在功夫扇服装设计中得到了体现。明艳的色彩和对比色的搭配，使扇舞服装更加鲜明夺目，增加了表演的视觉冲击力。

3. 精致的刺绣与装饰

汉服以其精致的刺绣和装饰而备受瞩目，这种细节的处理也在功夫扇服装中得到了发挥。刺绣、亮片、彩带等元素的运用，使功夫扇表演服装更加华美富丽，增添了表演的艺术感染力。

汉服元素在功夫扇服装设计中的创新运用，赋予了服装更多的艺术魅力和现代感。通过融合现代元素、创新服装结构、强调舞台表现力、结合科技元素，功夫扇表演服装不断推陈出新。例如，适当运用当代简洁的线条设计，采用全新的制衣材料，结合汉服的剪裁，打造富有现代感的服装；又如，通过色彩的运用、图案的设计和服装的质感，突出表演者的舞台表现力、角色个性；再如，利用LED灯光和互动技术，为服装加上发光效果或动态图案，使表演更加生动和引人注目。

创新催生了传统与现代交织的多样化的设计风格，为功夫扇表演带来了新的视觉体验和观赏价值；创新也促进了中国传统文化的传承与发展，结合汉服元素，功夫扇表演将更好地走向世界。

精美的汉服展示
（图片来源：杭州丝绸博物馆）

第二节　鼓舞人心的功夫扇——基于汉服的 功夫扇服装设计理念

一、注重传统与现代结合

将传统的汉服元素与现代的时尚设计融合，可以打造出独特而富有现代感的功夫扇表演服装。

在剪裁方面，设计师可以保留汉服的经典轮廓，如宽袖、长裙等，以突出传统的氛围。同时，可以加入现代的剪裁技巧，使服装突出身体曲线，展现表演者的身材之美和舞蹈动作的艺术之美。例如，可以通过修身剪裁使服装更加贴身，在腰部或胸部采用柔性布料，以增加舞蹈时的舒适度和灵活性。

在装饰方面，设计师可以使用流行的金属装饰品，如链条、珠片等，以增加服装的时尚感和视觉冲击力。同时，可以巧妙地运用汉服的传统装饰元素，如对襟、褶皱、龙凤图案等，使服装既有传统的雅致，又具有现代的华丽时尚。

传统与现代相结合的汉服

在细节处理方面，设计师可以在领口、袖口、裙摆等位置加入现代的图案设计，如几何图案、线条构成等，以突出服装的现代气息。同时，也可以运用传统的刺绣、织锦等工艺技巧，展现传统文化的精髓。

二、注重动感与舞台效果

动感与舞台效果是功夫扇表演服装设计中的重要考量因素。

在剪裁方面，设计师可以采用流线型剪裁，使服装在舞动中呈现出动态的美感。例如，连衣裙或长袍可以采用流畅的曲线剪裁，使服装贴合身体并展现出舞姿的优雅线条。设计师还可以在裙摆、袖口等部位加入流苏或流动的面料，使服装在舞蹈动作中呈现出轻盈的飘逸感。

面料的选择也是关键环节之一。设计师可以选择轻盈、柔软的面料，如丝绸、雪纺等，以增加服装的流动感。这些面料能够自然地随着舞者的动作摆动，营造出优美的舞台效果。此外，质地优良、光泽度合适的面料可以借助光线的反射和折射产生丰富的视觉变化，增加服装的立体感。

除了剪裁和面料，装饰元素的选择也能够为服装增添动感和舞台效果。设计师可以运用流线型的装饰图案或线条，如刺绣、印花等，在服装上创造出动态感。设计师可以在袖口、领口等处添加流畅的线条装饰，以模拟舞蹈动作的轨迹。此外，还可以运用闪亮的珠片、水晶等装饰，增加服装的光泽度和吸引力。

三、注重个性与角色塑造

在设计扇舞服装时，考虑表演者的个性和角色塑造的需求非常重要，优秀的设计可以使服装与表演者相得益彰。

色彩的运用是表达个性、塑造角色的重要手段之一。不同的色彩会传递出不同的情绪和个性特征，设计师可以根据角色的性格和表演的主题选择适合的色彩。如明亮的红色可以表达热情和活力，适合性格热烈奔放

服饰差异对角色的塑造

的角色；柔和的蓝色可以表达温柔和优雅，适合具有温婉特质的角色。

图案和装饰的选择也能够突出表演者的个性和角色形象。设计师可以根据角色的特点选择适合的图案元素。如龙凤、花鸟、云纹等传统图案可以营造华丽而庄重的氛围，适合塑造具有高贵感和神秘感的角色；现代的几何图案、动物纹样等可以传递出时尚和活力的感觉，适合塑造个性鲜明和活泼开朗的角色。同样，在装饰上也可以根据角色的特点做出不同的选择，如珠片、蕾丝、绣花等，以突出角色的个性魅力。

四、传统工艺和剪裁技法的运用

刺绣、织锦等传统工艺是汉服文化的瑰宝，它们可以使功夫扇服装更加精美、更具艺术感。以下是一些运用建议：

刺绣。可以在功夫扇服装上添加精美的刺绣图案，如花卉、动物、云纹等具有中国传统特色的图案。可以选择金线、银线等具有光泽感的线材，使刺绣图案更加璀璨夺目。

织锦。织锦是一种以丝绸为基础，通过特殊的编织工艺制作而成的织物。可以在功夫扇服装上使用具有代表性的织锦，如云龙纹、寿字纹等，创造出华丽而富有质感的效果。

珠片与亮片装饰。可以将珠片和亮片镶嵌在功夫扇服装的领口、袖口、裙摆等位置，突出服装的精致华丽，增加服装的闪耀效果。

现代化的服饰表现
（图片来源：郭培 时装之梦幻展）

剪裁和制作是功夫扇服装设计过程中至关重要的环节，它们将决定服装的舞动效果和舒适度。以下是一些有关剪裁和制作技巧的建议。

宽松剪裁。扇舞服装应该具有良好的舞动性，因此剪裁时应考虑到舞蹈动作的需要。服装可以选择宽松的剪裁，以保证表演者穿着的舒适度以及做动作时的灵活性。

弹性设计。在关键部位，如袖口和裙摆上，可以加入适量的弹性设计，以使服装在舞动中更具有弹性和流动性。

细节处理。注重细节处理可以提升服装的整体效果。可以在领口、袖口、裙摆等位置加入褶皱、荷叶边、流苏等装饰，以增加服装的层次感和动感。在关节等常需弯曲的肢体部位可以增加镶边或闪亮的装饰物，以突出舞者舞蹈动作的节奏感和线条美。

耐用性考虑。功夫扇表演是一项高强度的活动，因此在制作过程中要选择耐用的面料和缝制技术，以确保服装的质量和使用寿命。

可调节设计。考虑到不同表演者的体型差异，可以在设计中加入可调节元素，如可调节的腰带或绳带。

构建既传统又前卫的设计理念，选择舒适、轻盈、弹性好、光泽佳、透气而又耐用的面料，做好色彩选择与搭配，合理运用刺绣、织锦等传统工艺，使用得体的剪裁，重视成衣的可调节性和对不同人群的适用性，可以打造出富有个性和艺术感的功夫扇服装。这样的服装不仅能够展现传统文化的魅力，也能够满足现代舞台表演的需求，为功夫扇表演增添亮点和视觉冲击力。

第三节　一场视觉盛宴的诞生——功夫扇
舞蹈服装的设计与制作

功夫扇作为一种具有独特魅力和艺术性的表演形式，不仅需要舞者的优雅舞姿和精湛技巧，也需要适合表演的服装来增强视觉效果。通过扇与舞蹈动作的协调与呼应、视觉冲击以及表演氛围的营造，为观众呈现出视觉上的美感和震撼力。下面将具体探讨功夫扇服装在表演中的视觉效果。

一、纹理与质感

在服装设计中，纹理和质感是提升服装视觉效果的重要因素。

首先，面料的选择对于服装的纹理和质感至关重要。绸缎是一种常见的面料，具有光滑的质感和自然的光泽，用绸缎制成的衣服看起来华丽而高贵。绸缎面料可以使用不同的加工方式和细节处理，如织纹、压纹、烫金等，创造出各种纹理效果。例如，利用绸缎的斜纹特性，可以制作出斜纹纹理的服装，增加服装的层次感和立体感。

也可以选择面料来提升服装的视觉效果。比如，织锦面料具有丰富的图案和纹理，可以为服装增添浓厚的艺术氛围。绒面面料具有柔软细腻的质感，可以为服装带来温暖和舒适的触感。皮革面料则具有坚实、粗犷的质感，可以为服装带来一种独特的时尚感和个性。

除了面料的选择，纹理和质感的变化还可以通过其他设计元素来实现。例如，可以利用服装的剪裁和拼接，创造出不同部分间的纹理和质感差异。可以运用褶皱、褶裥、褶饰等技法，使服装表面产生层次感和动态效果。还可以通过刺绣、珠片、亮片等，为服装增添纹理和质感的细节。

在舞台表演中，灯光的照射也是展现服装纹理和质感的重要方式。灯光照射的不同角度和强度，可以反映服装表面的纹理和质感变化，产生丰富的光影效果。通过合理的灯光设计，可以使服装在舞台上呈现出不同的视觉效果，增强服装的视觉吸引力和戏剧性。

在设计过程中，需要考虑服装的整体风格和舞蹈表演的主题，以选择适合的纹理和质地效果。同时，还需要考虑服装的功能性和舞蹈动作的需求，确保穿着的舒适性和灵活性。纹理和质感的运用应与服装的整体设计相协调，创造出统一、完整的视觉效果。

总之，选择质地良好，具有层次感和立体感的面料，并通过舞台灯光的照射设计来展现纹理和质感的变化，可以使服装在舞台上更加引人注目，成为表演中的亮点。

二、高对比度设计

高对比度的设计能够吸引观众的目光，使舞蹈服装和舞蹈动作更加显眼。

明亮鲜艳的颜色可以在舞台上快速吸引观众的注意力，使服装成为焦点。像红色、黄色、橙色等颜色常常用于舞台服装中，它们可以传递积极的情绪，营造充满活力的氛围。此外，明亮鲜艳的色彩还可以与舞台灯光相互呼应，增强服装的光影效果，使服装在舞台上更加生动。

除了明亮鲜艳的色彩，选择对比鲜明的配色方案也可以起到强化舞台视觉效果的作用。黑色是功夫扇服装的基础色，具有神秘、稳重和高贵的特质。黑色作为服装的主色调，可以为整体造型提供一个稳定的基础。与黑色形成对比的红色是功夫扇服装中常见的配色之一。红色象征着热情、活力和力量，与黑色的冷静形成强烈的对比。在表演中，红色的应用可以突出舞者手臂的动作线条，增加动作的视觉冲击力；红色的装饰如刺绣、细节图案等，可以进一步提升服装的视觉效果。

金色也是与黑色形成对比的一种常见选择。金色象征着繁荣、财富和权力，赋予服装一种华丽和高贵的感觉。在做动作时，金色的运用可以强调舞者手部动作的灵活性和速度感；金色的亮片装饰在舞动中会产生闪耀的效果，吸引观众的目光。

黑色与白色的对比也是一种经典的配色方案，可以营造强烈的视觉对比效果，使服装的线条更加清晰。白色象征着纯洁无瑕，可以使舞者的动作更加突出。黑白配色的运用还可以在服装的装饰细节上创造出对比，如黑白相间的图案、斑驳的纹理等，增加服装的层次感和视觉效果。

除了对比鲜明的配色方案，图案也是增强服装视觉冲击力的重要手段。图案的选择应与舞蹈表演的主题和风格相称。例如，龙、凤等传统图案常常用于营造华丽而又神秘的氛围，金色花纹则可以增添服装的奢华感。这些对比鲜明的图案具有强烈的视觉冲击力，能够吸引观众的目光。在设计过程中，需要注意图案的布局和大小比例。对于大型舞台表演，服装的图案应该具有足够的尺寸和清晰度，以确保观众能够远距离欣赏到服装的细节。同时，图案的布局要考虑到服装的剪裁和拼接，以保持整体的和谐感。

在选择配色方案（或对比鲜明的图案）时，还应该考虑到灯光的影响。在舞台表演中，灯光的运用也是增强服装视觉冲击力的重要手段。不同光线下，某个具体的配色方案可能会呈现出不同的效果。通过灯光的调节和投射，可以与对比鲜明的色彩和图案相呼应，产生丰富的光影效果。因此，在设计过程中需要充分考虑到灯光的变化，合理的灯光运用可以使服装在不同舞台环境下都能取得最佳的视觉效果。

除了色彩和图案，还可以通过其他设计元素来增强服装的视觉冲击力。例如，运用流线型的剪裁和装饰，可以使服装在舞台上呈现出流动的感觉，增加动感和戏剧性。运用大胆的装饰细节，如珠片、亮片、蕾丝等，可以为服装增添独特的质感和光泽，使服装更加引人注目。

三、动态装饰元素

为服装添加动态装饰元素也是增强服装的动感和舞台效果的一种有效手段。通过这些元素的使用，服装在舞台上可以更加生动地展现舞者的姿态美和节奏感，提升表演的视觉效果。

流苏是一种常见的动态装饰元素，由一串串下垂的穗子组成，固定在服装的特定位置，例如裙摆、袖口、胸前或服装的边缘。当舞者在舞台上跳跃或旋转时，流苏会随着舞者的动作摇曳起舞，增加服装和表演

舞台上的汉服表演服

的动感；当舞者没有做大幅度的动作时，垂坠的流苏也会传递一种优雅的美感。无论是流苏的垂坠还是摆动，都会使整个舞台画面更加生动有趣，提升其戏剧性。

蝴蝶结也是一种常见的动态装饰元素，通常用于头饰、领口、腰带或背部等位置。当舞者在舞台上运动时，蝴蝶结会随之轻盈地摇摆，增加服装的动感和舞台效果。蝴蝶结的颜色和形状可以根据舞蹈表演的主题和风格进行设计，使其与服装整体相协调，营造出迷人的视觉效果。

除了流苏和蝴蝶结，还可以运用其他动态装饰元素，如流线型的剪裁和装饰、摆动的带子等。流线型的剪裁和装饰可以使服装在舞动中呈现出流动的感觉，增加整体的戏剧性和动感。摆动的带子可以用于服装的不同部位，例如裙摆、袖口或腰间，当舞者运动时，带子会随之扭动，产生独特的动态效果。

在设计过程中，需要注意动态装饰元素的选择和使用应该与服装整体相协调，与舞蹈表演的主题和风格相呼应。此外，动态装饰元素的尺寸和数量也应该与服装的整体、舞者的舞蹈动作相平衡，避免过度装饰，否则反而会影响舞者的舞台表现。此外，应该考虑到灯光的投射效果及其调节，合理的灯光设计可以使动态装饰元素在舞台上呈现出优秀的视觉效果。

四、其他装饰细节

装饰细节的加入可以提升服装的视觉吸引力和律动感，有助于营造独特的功夫扇舞风格。除了上一小节提到过的流苏之外，还可以使用金属装饰、刺绣等与扇舞动作相呼应。

金属装饰是功夫扇服装中常见的装饰元素之一。金属装饰可以为服装增添质感和光泽。例如，在领口、袖口或腰间添加金属扣子、铆钉、链条等金属装饰，可以增加服装的层次感和视觉吸引力。金属装饰还可以用在服装的图案和其他装饰细节上，如金属线的刺绣、金属片的贴饰等。

刺绣是一种传统的装饰技法，可以在服装上构造精美的图案和纹理，增加服装的视觉细节和艺术性。刺绣可以运用在服装的各个部位，如领口、袖口、胸部等。

此外，图案印花和丝绸的运用可以为服装增加独特的质感和纹理。还可以考虑使用错综复杂的纽扣、饰带和腰带等装饰细节，以增强服装的层次感和立体感。

在选择装饰细节时，需要注意与服装整体风格、配色相协调，与舞蹈表演的主题相呼应，以营造统一的视觉效果。同时，也需要考虑到舞蹈动作的实际需求，装饰细节应该避免过于复杂或过于突出，以免影响舞者的动作流畅性和舞台表现力。

五、剪裁与道具

功夫扇服装的剪裁应考虑到舞者的实际需求，保证舞者穿戴的舒适度、进行扇舞表演时的灵活便利性。

功夫扇舞蹈很注重舞者的手臂动作以及身体各部位的协调，因此，袖子的设计是服装设计中的关键一环。袖子的宽度应适中，既不至于过宽影响动作的灵活性，也不至于过窄限制动作的幅度。袖子的长度也很有讲究。舞者在表演过程中需要频繁地展开和收拢扇子，合适的袖子长度能够保证舞者的手臂动作更加流畅自然，同时带来视觉上的美感。

功夫扇服装的剪裁也需要注重整体的流线型设计。剪裁应该使服装紧密贴合舞者的身体曲线，突出扇舞动作的线条美。舞者在表演中的动作是流畅而连贯的，服装的剪裁应该考虑到这种连贯性，避免过多的褶皱或过分的宽松感，以免影响动作的流畅度和整体的美感。此外，服装的长度和裙摆的设计也需要根据舞者的身高和表演场地的要求进行调整，使得舞者在表演中能够展现出优雅的身姿和动作。

除了服装剪裁，道具的搭配也非常重要。选择与功夫扇舞蹈表演相匹配的道具，能够增强表演的整体氛围和视觉效果。扇子是功夫扇舞不可或缺的道具，可以从造型、结构、图案、配色、其他装饰细节等角度，选择与服装整体相协调的扇子。例如，扇面的图案与配色可以与服装相一致。此外，刀、剑等武器道具也可以用于表演，增加其动感和戏剧性。

第四节　华丽变身的功夫扇——功夫扇服装的传承与发展

功夫扇服装怎样随着时代的发展，结合文化和审美的变迁一同演变，继续传承下去？服装作为功夫扇舞蹈表演的重要组成部分，也需要与时俱进，需要寻求创新与发展。在未来，功夫扇服装的发展可能会出现以下几个趋势。

一、当代时尚与传统元素的融合

功夫扇服装的未来发展可能会更多地将当代时尚元素与传统元素相结合。这种融合可以通过设计师的创意和技巧来实现，例如将传统的图案和纹饰与新颖的剪裁、前沿的材质相结合。这样的设计能够在保留扇舞的传统韵味的同时，赋予服装更多的时尚感和现代感。同时，时尚元素的融入也可以吸引更多年轻的观众和表演者参与到功夫扇项目的学习中，推动功夫扇艺术、功夫扇服装的传承和发展。

二、新材料与新技术在功夫扇服装设计中的应用

随着科技的进步，新材料和新技术的应用也将为功夫扇服装的设计带来新的可能性。例如，可以采用更轻便、更柔软、更透气的新型纤维材料，使服装更加舒适也更适合扇舞的动作。此外，可以利用3D打印

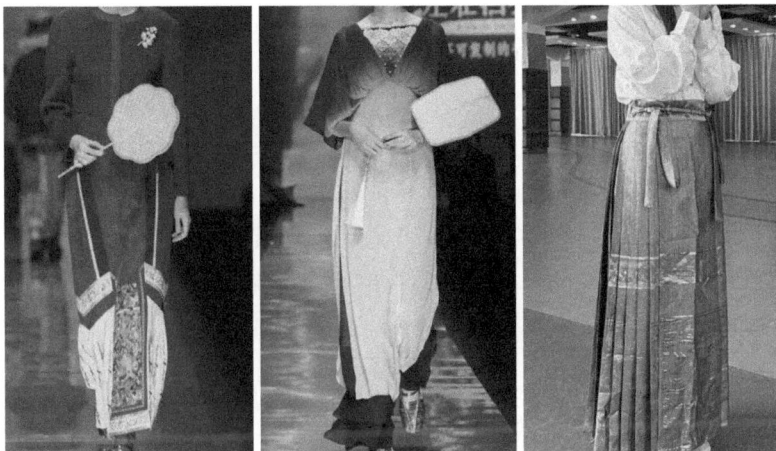

传统与现代的结合

技术来制作独特的装饰元素或扇子的部件，增加服装的创新性和科技含量。智能纺织品的应用也可以实现服装的交互性，例如通过内嵌的传感器和LED灯光，使服装能够"感应"舞者的动作产生，增强表演效果。

三、功夫扇服装的文化传承与创新发展

在功夫扇服装的设计中，文化传承和创新发展是两个重要的方面。一方面，功夫扇服装需要保留传统的文化元素，传承功夫扇的历史内涵和价值精髓。这可以通过对传统服装的研究和借鉴来实现，也需要依托与相关专家和艺术家的合作。另一方面，功夫扇服装也需要不断创新和发展，以适应当代观众的需求和审美。这可以通过与时尚设计师、舞台艺术家、视觉艺术家的合作来实现，共同探索功夫扇服装的新潜能。

四、以功夫扇服装比赛焕发传统服饰新生

面向大学生举办功夫扇服装比赛，以"传统服饰元素 × 功夫扇运

当代功夫扇服装种类

动美学"为核心，吸引青年群体以创意设计重构汉服经典。赛事鼓励从汉服、唐装等传统形制中提取文化符号，结合扇舞动作的舒展性需求改良剪裁（如增加运动弹力面料、可拆卸袖摆），同时融入国潮拼贴等现代设计语言。通过比赛，既为功夫扇表演注入视觉创新灵感，也为汉服文化赋予年轻化表达，推动传统服饰从历史符号转化为可穿戴的现代文化载体，实现"以服饰为媒介，让青年审美与传统文化对话"的传承目标。

当然，赛事成果不仅停留于创意展示，更通过校园展演、非遗工坊合作等渠道实现转化：获奖作品中的功能性设计（如可调节扇套、透气镂空结构）被纳入功夫扇队服标准，部分兼具艺术性与实用性的汉服改良款进入商业量产，成为年轻人日常穿搭的"新国潮"选择。这种"以赛促创、以创促用"的模式，让传统服饰不再是博物馆里的静态标本，而是借由功夫扇文化的动态演绎，成为连接历史与当下的活态文化载体，最终实现"用青年设计语言重新书写传统，以服饰创新激活文化传承"的双重价值。

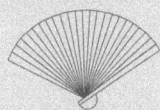

第六章

功夫扇的传承

功夫扇的生命力，源于传承的韧性与创新的张力。本章聚焦"传"与"承"的双向奔赴——从教育场域中传统技法与现代理念的融合，到社会层面多元群体的推广普及，探索让功夫扇跨越代际、扎根生活的传承密码，让古老技艺在新时代持续焕发生机。

第一节　传统与现代融合的功夫扇教育

开展功夫扇教育是功夫扇得以传承和发展的基础。通过系统的教育，可以培养更多的扇艺人才，不仅保证了功夫扇技艺的传承，也为功夫扇的发展提供了源源不断的动力。功夫扇教育可以通过学校、社区、培训机构等多种途径进行，教学上要理论结合实践，注重培养学生的动作技巧、艺术表现力和创新能力。

功夫扇在当代年轻人中的普及

一、传承文化遗产

为了有效地传承和弘扬功夫扇这一珍贵的文化遗产，在开办功夫扇教育时，要让学生深入了解功夫扇的起源、发展史、文化内涵等，这样学生才能更好地传承和发展功夫扇技艺。

首先，功夫扇教育应该注重对功夫扇起源的介绍。应该让学生了解，功夫扇的起源与中国传统武术和舞蹈密切相关。通过向学生讲述功夫扇的历史渊源，可以让他们感受到功夫扇的深厚底蕴，以及它在中国传统文化中扮演的重要角色。

其次，功夫扇教育应该探讨功夫扇在不同历史时期的演变和发展。需要让学生们了解功夫扇在不同朝代和不同地区的演变过程，以及不同流派和风格的功夫扇的特点。通过学习，学生们可以深入理解功夫扇的多样性和丰富性，培养对不同流派和风格的欣赏能力，同时也能够在实践中更好地发展自己的扇艺技巧。

再次，功夫扇教育还应该注重培养学生对功夫扇的文化背景的认知。功夫扇不仅仅是一种艺术形式，它还承载着丰富的文化内涵。应该让学生们知晓功夫扇与中国传统文化中的其他艺术形式，如诗词、绘画、音乐等，与中国哲学思想的关联。通过学习功夫扇的文化背景，学生们可以深入领会功夫扇的精神内涵，培养对中国传统文化的兴趣。

最后，在功夫扇教育中，实践是至关重要的环节。学生们应该通过反复的实践和练习，逐渐掌握功夫扇的基本动作、技巧和表演要领。教师可以通过示范和指导，帮助学生正确理解和运用扇艺技巧。同时，也应该鼓励学生创造和表达个人的艺术风格，将自己的理解和体验融入功夫扇技艺中。

此外，还可以组织功夫扇表演和比赛等形式，激发学生们对功夫扇的热情，鼓励他们积极参与功夫扇相关活动。这类活动可以为学生们提供展示和交流的机会，培养他们的表演能力和团队合作精神。同时，这也有助于将功夫扇推广到更广泛的群体中，让更多人了解和喜爱功夫扇这一传统艺术形式。

综上所述，通过开展功夫扇教育，我们可以传承和弘扬这一珍贵的文化遗产。向学生讲述和展示功夫扇的起源、历史、演变和相关的文化背景，可以增进他们对功夫扇的了解和认同。这种教育方式不仅可以帮助学生们掌握功夫扇的动作和技巧，更重要的是让他们理解功夫扇背后的文化价值和精神内涵。

二、培养审美能力

功夫扇教育可以培养学生的审美能力，使他们能够欣赏和理解功夫扇艺术的独特之处。通过学习不同风格和流派的功夫扇舞蹈、扇面图案和扇子造型设计，学生们可以提升自己的审美能力，并将这种能力应用到自己的创作和表演中。

功夫扇教育应培养学生的艺术表达能力，使他们能够通过功夫扇的创作和表演，表达自己的思想、情感和艺术理念。通过学习舞蹈技巧、动作设计和舞台表演等方面的知识，学生可以提升自己的艺术表现力，展现个性化的艺术风格。功夫扇教育应该为学生提供平台与机会，鼓励学生在功夫扇的设计、舞蹈编排和表演等方面发挥创造力。同时，教育学生关注时代潮流和社会需求，将传统功夫扇艺术与现代科技、多媒体等相结合，创造出更具时代感和创新性的功夫扇作品。

另外，在传统文化传承中，创新是激活生命力的关键。学生可借助自己专业特色，以功夫扇为载体，围绕功夫扇开展文创项目：如可自行设计钥匙扣、立牌等产品，以赛事IP为核心，融入服饰元素与传承叙事，学生全程参与设计构思至落地推广，在收获市场认可的同时提升综合能力。比赛现场发放钥匙扣引发情感共鸣，同时这些周边也成为赛事文化传承的具象载体，印证了审美实践与情感连接的深层价值。

基于市场趋势，功夫扇文创进一步向盲盒、拼图等领域延伸：盲盒设计融入功夫扇人偶、元素饰品及历史知识卡片，以未知惊喜感激发兴趣，使拆盒过程成为文化学习场景；拼图选取赛事瞬间与IP形象，兼具动手体验与装饰功能，推动功夫扇文化融入日常生活。此类创新既依托学生审美能力完成视觉设计，又通过产品实用性与趣味性反哺审美选代，形成"传统元素、现代设计、生活应用"的创新链。

拼图文创也颇具前景。把功夫扇比赛精彩瞬间、精美的 IP 形象等设计成拼图。拼图过程不仅锻炼动手能力，完成后还可作为装饰画，让功夫扇文化融入日常生活空间。

三、培养身体协调性和动作技巧

功夫扇教育应注重培养学生的身体协调性和动作技巧。通过系统的训练，学生可以提高手眼身体的协调能力，掌握功夫扇的基本技巧和动作要领。这不仅对于学生在功夫扇表演中的表现起到关键作用，还有助于他们提升在其他艺术形式和体育活动中的综合素养和表现能力。

功夫扇教育应注重激发学生对功夫扇艺术的兴趣。通过丰富多样的教学内容和活动安排，使学生在学习中获得快乐和成就感。要鼓励学生参与功夫扇创作和演出，让他们体验到艺术所带来的愉悦和满足，从而加深他们对功夫扇艺术的热情，赋予他们持续学习的动力。

功夫扇教育对身体协调性与动作技巧的培养，绝非单纯的技术训练，而是通过科学的运动处方、趣味的学习设计、多元的实践场景，构建"身体控制—兴趣激活—能力迁移"的立体化育人模型。这种教育模式不仅为学生奠定扎实的功夫扇表演基础，更通过身体能力的综合提升，赋能其在艺术、体育、生活等多领域的全面发展，最终实现"以武强体、以美润心"的教育宗旨。

四、个性化教学与多元教学方法

功夫扇教育的本质在于通过精准化培养路径与跨维度教学策略，实现传统武术文化传承与学习者主体性发展的双向赋能。基于建构主义学习理论，教学需在标准化范式的基础上，建立"需求识别—策略适配—动态反馈"的个性化培养机制，同时通过跨模态教学资源整合与技术赋能，形成立体化的学习生态系统。

功夫扇教育应根据学生的兴趣、特长和发展需求，提供个性化的教学。鼓励学生在学习中发挥自己的特长和创造力，培养他们的独立思考和问题解决能力。同时，提供良好的师生互动和反馈机制，帮助学生发展自己的艺术潜力，实现个人的艺术成长和发展目标。

功夫扇教育可以采用多种教学方法，结合理论和实践，提供丰富多样的学习体验。除了传统的课堂教学，还可以组织学生参观功夫扇艺术展览，听专家讲座，观扇艺演示，参与扇艺大赛和交流活动等。此外，可以利用现代技术，如虚拟现实、在线教学平台等，拓展教学的边界，创造更具创新性和互动性的学习环境。功夫扇教育可以与其他学科进行跨学科融合，提供更丰富的学习体验和创作空间。例如，可以将功夫扇与舞蹈、音乐、戏剧、美术等学科相结合，开展跨领域的艺术创作和表演项目。这不仅可以增进学生对不同艺术形式的理解和体验，也有助于培养学生的综合艺术素养和创新能力。

同样，借助数字化小程序以及人工智能科学技术，通过"精准识别需求、智能拓展边界、生态激活创新"，让功夫扇教育真正实现"以学生为中心"的个性化发展。这种融合既是技术赋能的必然趋势，又是传统武术在智能时代"创造性转化、创新性发展"的应有之义。

五、触及社区与回馈社会

功夫扇教育不应该局限在校园范围内，而是应该延伸到社区，提升其社会参与度。建立"学校—社区—企业"三方合作模式，可以与社区合作，组织功夫扇展览、文化讲座、工作坊和表演活动，让更多的人有机会接触和学习功夫扇。此外，可以与相关机构、团体和艺术家合作，举办功夫扇文化节、展览和演出，将功夫扇艺术推广到更广泛的社会领域，触及更多的社区和人群，提高公众对功夫扇的认知和欣赏水平。

除了上面这些举措，还可以指导学生举办功夫扇公益演出，回馈社会，这也是功夫扇教育的一种途径。

举办公益演出时，可以保留传统元素，展示功夫扇的经典动作和技巧，包括传统的扇法、身法和舞蹈动作等，彰显功夫扇的独特魅力。可以进行现代演绎，结合现代舞台表演技巧和音乐元素，为功夫扇表演注入新的创意。例如，结合当代流行音乐编排扇舞的动作组合。可以创作有趣的剧情，增加表演的故事性，将功夫扇的技巧融入情节的叙述、情感的表达，使演出更具吸引力。可以利用社交媒体进行推广，通过视频、照片和文字等形式展示公益演出的精彩瞬间，吸引更多年轻人的关注和参与，还可以在社交平台上与线上观众实时交流。

功夫扇教育的社区化与公益化实践，本质是将传统武术从精英展演转化为大众文化的过程，通过打破校园围墙，让功夫扇深入社区肌理、回应社会需求，既实现了"以文化人"的教育目标，又构建了"全民参与、共建共享"的文化传承新生态。这种实践不仅为功夫扇注入鲜活的社会生命力，更探索出一条"传统艺术活化、社区文化振兴、社会价值创造"的可持续发展路径，为新时代非遗传承提供了兼具温度与深度的样本范式。

大学生参与功夫扇公益演出

六、挖掘内外资源整合效用，提高协同育人水平

针对学校专业特色，整合教育资源，进行跨学科应用，推进功夫扇

教学与艺术、舞蹈专业的交叉融合，促成功夫扇获批上海高校市级重点课程。同时深化校企合作，秉持"以需求为导向，以合作促双赢、以共享为目的"的理念，提升协同育人水平。进行项目实践落地同时举办公益活动，锻炼综合应用能力。

跨学科融合，协同育人

在功夫扇教学发展进程中，充分挖掘和整合内外资源，构建协同育人模式，对提升教学质量、传承传统文化意义重大。

在跨学科融合方面，学校围绕专业特色，积极整合教育资源，推动功夫扇教学与艺术、舞蹈专业深度交叉融合。在课程设计上，打破传统学科界限，将功夫扇的武术动作、舞蹈的韵律美感、音乐的节奏变化以及美术的视觉创意有机结合。比如在一节综合课程中，学生既要学习功夫扇刚劲有力的基本动作，又要融入舞蹈的肢体语言，使动作更具表现力；同时依据音乐的节奏起伏来编排扇舞段落，还要根据美术的色彩、构图知识来设计舞台背景和服装造型，全方位培养学生的综合素养。此外，学校搭建跨学科研究平台，引入人工智能技术助力功夫扇教学研究。借助 AI 动作捕捉与分析系统，精准采集学生的功夫扇动作数据，从发力点、动作轨迹等多维度进行量化评估，为教学改进提供科学依据。平台还深入开展非遗研究，结合人工智能的图像识别和大数据分析技术，挖掘传统功夫扇文化中的非遗元素，探索其在现代教学中的创新应用。

　　校企协同育人是功夫扇教学的重要环节。学校秉持"以需求为导向，以合作促双赢、以共享为目的"的理念，深化与企业的合作。在松江功夫扇联赛期间，学校与当地企业合作打造了功夫扇IP，并将其制作成立牌、钥匙扣等文创周边。这些文创产品不仅在功夫扇比赛场外展中展示销售，还作为赛事纪念品，受到广泛好评，实现了项目的实践落地。此外，学校组织学生参与各类小型实践项目，如功夫扇文创周边的设计制作、功夫扇主题视频的创作等。在这些实践中，学生将所学知识运用到实际操作中，锻炼了综合应用能力。

　　在社会资源利用上，学校积极盘活社区体育资源。与周边社区合作，开展功夫扇进社区活动。学校师生走进社区，为居民传授功夫扇技艺，举办功夫扇表演活动，丰富社区居民的文化生活，同时也为学生提供了展示和实践的平台，促进功夫扇文化的传播。在国际资源整合方面，虽然学校没有留学生，但积极拓展国际交流渠道，与国外的文化机构、武术团体开展线上交流活动，举办国际功夫扇线上展演、文化讲座等。通过线上平台，向世界展示中国功夫扇文化的魅力，学习借鉴国外优秀的文化和教学理念，提升功夫扇教学的国际影响力。

第二节　功夫扇的普及

　　为了让更多的人了解和喜爱功夫扇，需要制订有效的推广和普及策略。可以举办功夫扇展览、演出和比赛等活动，可以借助互联网和社交媒体的力量，可以与舞蹈、音乐、戏剧等不同类型的艺术进行跨界合作。总之，要多领域、多渠道地做好功夫扇的普及和推广。

一、宣传与推广活动

宣传与推广活动是将功夫扇文化传播给更广泛的受众的重要手段。

（一）与功夫扇相关的展览和演出

组织扇艺展览。在文化艺术中心、博物馆、画廊等公共场所举办扇艺展览，展示不同风格和历史背景的扇艺作品。

定期举办扇艺演出。策划并举办扇艺表演，可以结合舞蹈、音乐、戏剧等艺术形式，展示功夫扇在艺术表达方面的多样性和魅力。

扇艺工作坊。组织专业扇艺师傅开展工作坊，向学员传授扇艺技巧和文化知识，提高参与者对功夫扇的兴趣和认识。

（二）线上宣传和推广

创建官方网站和社交媒体账号。创建专门的网站和社交媒体平台，用于宣传功夫扇文化，展示扇艺作品，推送与功夫扇相关的新闻和活动信息。

制作宣传视频。制作精美的宣传视频，介绍功夫扇的历史、技巧和魅力，通过在线视频平台进行传播。

线上互动活动。组织线上扇艺比赛、教学直播、问答活动等，吸引更多人参与，邀请参与者分享他们与功夫扇相关的经验和故事。

（三）媒体报道和宣传

新闻稿和新闻发布会。撰写并发布功夫扇相关的新闻稿，向媒体介绍功夫扇的独特之处、相关活动及其成就，并组织功夫扇活动的相关新闻发布会以吸引媒体的关注。

媒体合作与采访。与相关媒体建立合作关系，邀请记者进行采访，报道功夫扇文化、艺术家的故事和成就，增加功夫扇在公众视野内的曝光度。

发布宣传文稿和图片。向媒体提供精心准备的宣传文稿和高质量图片，供媒体在相关报道中使用，增加功夫扇的吸引力。

这些宣传与推广活动将有助于扩大功夫扇的知名度，吸引更多人了解和参与这一独特的文化艺术形式。

二、教育与培训项目

教育与培训项目是普及和推广功夫扇文化的重要途径。

（一）学校教育和社区文化活动

教育合作项目。与学校合作，将功夫扇纳入课程，提供教育活动和资源支持，让学生了解功夫扇的历史和文化意义，学习扇艺技巧。

扇艺工作坊。在学校和社区组织扇艺工作坊，邀请扇艺师傅进行实践指导，教授扇艺技巧，并让参与者亲自体验、制作、使用功夫扇。

社区文化活动。举办社区文化活动，如扇艺展示、扇艺表演等，吸引学生和社区居民参与，增进他们对功夫扇的兴趣和认知。

（二）专家讲座和培训

邀请专家学者。定期邀请功夫扇领域的专家学者开设讲座和研讨会，向师生传授关于功夫扇的深入知识和最新研究成果。

组织扇艺大师班，邀请资深扇艺师傅传授扇艺技巧和表演技巧，培养更多的扇艺从业者和教育者，传承和发展功夫扇文化。

教育资源开发。与专家合作，开发功夫扇教育资源，包括教案、课件、教学视频等，供教育工作者和学生使用，促进功夫扇在教育领域的传播和应用。

（三）功夫扇教材和出版物

编写教材和手册。编写功夫扇的教材和手册，介绍功夫扇的历史、技巧、演练方法等，供学校、校外教育机构和个人学习和参考。

出版物。出版与功夫扇相关的书籍、发表期刊文章，介绍功夫扇的艺术表现、文化背景、艺术家故事等，推动功夫扇文化的传播和研究。

网络资源和应用。开发功夫扇的在线教育资源和应用程序，提供扇

功夫扇表演

艺教学视频、互动学习平台等，方便有兴趣的人们随时随地学习和练习功夫扇。

通过教育与培训项目，可以将功夫扇的知识和技艺传授给更多的人，培养新一代的扇艺爱好者和传承者，促进功夫扇文化的传承和发展。

三、跨界合作与文化交流

跨界合作与文化交流是推动功夫扇走向国际舞台的重要途径。

（一）跨界合作项目

艺术与设计合作。与艺术家、设计师、时尚品牌等跨界合作，将功夫扇的元素与现代艺术和时尚设计相结合，创造出新颖、独特的扇艺作品和产品。

舞台剧和音乐会合作。与剧院、音乐团体合作，将功夫扇融入舞台剧和音乐会的演出中，策划举办具有扇艺特色的精彩演出。

影视媒体合作。与电影制片厂、电视台等合作，在电影、电视剧等作品中展示功夫扇文化，提升其在大众媒体中的曝光度和影响力。

（二）国际文化交流活动

参加国际艺术展览、文化节、民俗活动等，展示功夫扇的独特魅力，与来自世界各地的艺术家和文化爱好者进行交流和合作。

文化交流访问。派遣扇艺师傅和文化代表团，赴国外进行文化交流访问，与当地艺术家、学者、文化机构等进行交流、演出和合作，促进功夫扇文化的国际传播。

参加国际研讨会和论坛，与国际扇艺界的专家学者进行学术交流，分享功夫扇研究的前沿成果和经验，推动功夫扇文化学术研究的国际化。

（三）海外推广与社区合作

海外展览和演出。在海外举办扇艺展览和演出，向当地观众展示功夫扇的独特风采，并通过与当地艺术家和机构的合作，推动功夫扇在海外的广泛传播，增进海外受众对功夫扇的接纳与认可。

社区合作项目。与海外社区合作，开展扇艺工作坊、文化交流活动等，让当地居民亲身体验功夫扇文化，促进文化交流和友谊的建立。

在地化推广策略。根据不同国家和地区的文化特点和市场需求，制定相应的推广策略，包括语言本土化、定制化产品等，加强功夫扇在当地的市场推广。

通过海外推广和国际连线，功夫扇文化可以跨越国界，与世界各地的文化交流和融合，实现文化的多样性与共享，这为功夫扇的传承和发展提供了更广阔的舞台。

四、比赛与文化活动

比赛与文化活动是推广和发展功夫扇文化的重要方式之一。

（一）功夫扇比赛和评选

扇艺技巧比赛。举办扇艺技巧比赛，按年龄段分组并设定相应的技巧评价标准，评选出优秀的扇艺表演者，鼓励他们在技艺上持续进步和创新。

扇艺创作比赛。组织扇艺创作比赛，邀请艺术家和设计师参与，通过创新的设计和艺术表达，展示功夫扇的独特魅力和创意。

扇艺评选活动。设立各类扇艺奖项，如最佳表演奖、最具创意奖、最佳设计奖等，表彰在扇艺领域做出突出贡献的个人和团体。

（二）功夫扇文化节

多样化的活动内容。举办功夫扇文化节，包括扇艺展览、表演演出、工艺制作展示、讲座和研讨会、扇艺工作坊等，通过多元的活动，从多维度立体呈现功夫扇文化。

地方文化特色。根据不同地方的文化特色和历史背景，将功夫扇与当地的传统文化相结合，展示地域文化的魅力和多样性。

国际交流与合作。邀请国内外的功夫扇表演团体、艺术家和学者参与，进行国际性的交流与合作，促进不同国家和地区间功夫扇文化的交流和互鉴。

社区参与与教育推广。将功夫扇文化节纳入社区活动，吸引居民的关注和参与，同时开展扇艺教育推广活动，让更多人了解和学习功夫扇。

功夫扇社区推广案例

（三）功夫扇主题活动策划与宣传

策划团队。成立专业的策划团队，包括文化专家、艺术家、活动策划人员等，共同确定活动的内容、形式、时间和场地安排等。

宣传推广。通过多种渠道进行宣传推广，包括媒体报道、社交平台宣传、宣传海报、宣传视频等，吸引公众的关注和参与。

赞助与支持。寻求企业、文化机构、政府部门等的赞助和支持，为活动提供资金、场地、设备等资源，确保活动的顺利开展。

通过扇艺比赛和评选活动以及功夫扇文化节，可以激发扇艺表演者和艺术家的创作激情，扩大功夫扇的影响范围和影响力。同时，通过丰富多样的活动内容和国际交流合作，功夫扇文化能够在各个层面得到展示和传播，为广大受众提供一个了解和体验功夫扇文化的平台。

国际交流活动策划

五、合作推广与品牌建设

（一）合作推广与赞助

艺术家和设计师合作。与知名艺术家和设计师进行合作，共同开发功夫扇产品,通过他们的影响力和创意,推广功夫扇文化。

媒体合作与宣传。与电视台、广播电台、报纸、杂志等媒体进行合作,以广告宣传、专题报道、文化节目等形式,增加功夫扇的曝光度和知名度。

品牌合作与联名推出。与其他知名品牌进行合作,推出联名产品或活动,通过跨界合作的方式,增强功夫扇的品牌影响力和吸引力。

赞助与支持。寻求企业、文化机构、政府部门等的赞助和支持,为功夫扇的推广活动提供资金、场地、设备等资源,确保活动的顺利开展。

（二）功夫扇品牌建设

品牌定位与核心价值观。确定功夫扇品牌的定位和核心价值观,明确品牌的特性和文化内涵,打造独具特色的品牌形象。

品牌标识与视觉形象。设计具有辨识度的品牌标识和视觉形象,包括标志、色彩、字体等,以传达品牌的形象和价值观。

品牌故事与传播。构建品牌故事,讲述功夫扇的历史、传承和文化内涵,通过多种渠道进行传播,吸引消费者的关注和认同。

品牌体验与服务。提供优质的产品和服务,通过品牌体验和口碑传播,增强消费者对品牌的认可和忠诚度。

社交媒体与数字营销。利用社交媒体平台和数字营销手段,进行品牌推广、内容创作与推广、用户互动等,增加品牌的曝光度和影响力。

通过合作推广与赞助,功夫扇能够借助合作伙伴的资源和影响力,扩大其传播的范围和渠道。同时,通过品牌建设,功夫扇能够树立独特的品牌形象和价值观,提升品牌的知名度和竞争力,吸引更多人关注功夫扇文化、参与其推广。

第七章
功夫扇的艺术表演与应用

功夫扇不仅是武术形态，更是舞台上的艺术表达。本章将拆解其表演美学：从观众视角讲解欣赏逻辑，剖析动作、节奏、意境的审美层次；同时梳理展演形式的多元样态，展现功夫扇如何从训练场走向艺术舞台，实现文化传播与艺术感染的双重价值。

第一节　如何欣赏功夫扇演出

一、扇子的运用和设计

关注扇子展开和收拢的准确性、灵活性，以及与演员身体动作的协调性。观察扇子的舞动是否流畅，体会其中所蕴含的艺术美感。

关注演员的身体动作和表演技巧。观察他们的舞姿、步伐、转身和其他动作，注意演员的身体控制能力和协调性，以及身体动作与扇子运动的协调配合。同时，留意演员的面部表情、眼神和身体语言，体会他们通过表情、眼神、肢体语言传达的感情和情绪。

注意扇子的技巧和变化。观察演员在演出中使用的扇法，包括展开、收拢、旋转、翻转、挥舞等。留意扇子的动作和变化，体会不同舞扇动作的节奏以及所带来的效果。

关注扇子的造型和设计，包括扇子上的图案、文字和绘画。这些装饰元素可以展现独特的艺术风格，传递文化内涵，为演出增添美感和深度。

二、文化内涵的表达

功夫扇演出不仅仅是一种技巧的展示，更是一种文化的传承和表达。通过扇子的技巧性应用，演员向观众展示了功夫扇的潜能和中华传统文化的魅力。扇子在中国历史上扮演着重要的角色，它并不仅仅是实用的工具，还象征着优雅、风度、礼仪和社会地位等。在功夫扇演出中，演员通过精湛的技艺和匠心独运的艺术表达，将扇子的美学和文化内涵展现得淋漓尽致。

功夫扇演出的魅力在于它的多样性。每个演员都可以根据个人的风格和特点，赋予扇子舞动以独特的韵味。有的演员注重力道和速度，展示出敏捷而有力的扇子运动；有的演员注重柔美和舞蹈性，展现出优雅而流畅的扇子舞姿。无论是哪种风格，功夫扇演出都能带给观众视觉上的冲击和艺术上的享受。

三、故事情节和主题

一些功夫扇演出可能会有故事情节或主题，通过表演来传达特定的情感、意义和主旨。若是这种类型的演出，可以关注演员的表演技巧和故事的情节发展，理解故事背后的寓意和主题，从而更好地理解演出的深度和内涵。

四、整体视觉效果

观察整体的视觉效果，包括舞台布景、灯光运用和服装设计。注意舞台布景是否与演出主题相契合，灯光的运用是否突出了扇子的舞动变化和演员的表现，服装设计是否有利于展现演员的形象和肢体语言。

第二节 功夫扇演出形式

一、根据演出目的划分

根据演出目的的不同，功夫扇演出可以分为表演艺术和传统文化表达两类。

表演艺术是功夫扇演出的一个重要方向。在这种演出形式中，主要的目的是展示扇子技巧和舞蹈美学，追求舞台效果的完美呈现。演员通过精湛的技巧和独特的动作，展示扇子的灵活性和美感。他们运用扇子的翻转、旋转、挥舞等各种技巧，营造令人惊叹的视觉效果。同时，演员的身体控制能力和舞蹈表现力也是表演艺术中的关键要素。他们通过舞姿、舞步和扇子的舞动，创造出优美的舞蹈画面，使观众沉浸在舞蹈的美感之中。表演艺术形式的功夫扇演出注重技巧的展示、艺术美感和内涵的传达，通过精细的编排和舞台布置，给观众带来高品质的演出。

传统文化表达是功夫扇演出的另一个重要方向。中国传统文化是历史悠久而博大精深的，功夫扇作为其中的一部分，承载着深厚的文化内涵。在侧重传统文化表达的功夫扇演出中，主要的目的是通过扇子的舞动，展现中国文化的瑰宝和精髓，弘扬民族优秀文化传统。演员在演出中融入了丰富的文化元素，例如中国传统音乐、戏曲表演等。他们通过扇子的舞动，展现出中国传统文化中的礼仪、美学和哲学思想。这类功夫扇演出不仅能够让观众欣赏到精湛的技艺，还能使他们对中国传统文化有更深入的了解和体验，增强观众对传统文化的认同感和自豪感。

其实在功夫扇演出中，表演艺术和传统文化表达并不是完全独立的，它们常常相互交织。演员可以将扇子技巧、舞蹈美学与传统文化元素相结合，以创造性的方式演绎作品。例如，他们可以在表演中利用中国传统音乐，结合扇子的舞动来展示中国传统舞蹈的韵律和美感；或者，他们可以在表演中融入戏曲的元素，结合扇子的舞动来传达角色的情感、突出角色的动作语言。这种综合性的演出形式既能够吸引观众的兴趣，又能够传递深层次的文化内涵，使功夫扇演出充满艺术性和观赏性。

比如，《纸扇书生》这部功夫扇演出作品的首次亮相是在2018年第12届全国舞蹈展演上。《纸扇书生》中的舞者优雅从容的举止和温文尔雅的形象，将中国传统文化对个人修养和风度的重视展现得淋漓尽致。舞者的动作舒缓而流畅，姿态端庄，舞者运用扇子展示了文人的高雅情操和内涵。《纸扇书生》以书生为主角，表现了书生对知识和智慧的渴求，这体现了中国传统文化对学问和文化价值的推崇。《纸扇书生》中还融入了中国古典诗词和其他文学元素，传达了对诗词和文学的重视，以及对艺术表达和审美情趣的追求。舞者通过扇子的动作和舞蹈的姿态，传达出喜怒哀乐的情绪和对人际关系的思考，这反映了中国传统文化对人情世故、人际交往和情感体验的关注。在《纸扇书生》中，舞者凭借精湛的表演技术，将上述这些价值理念和审美观念鲜活地呈现出来，观众也可以通过领略舞者的风姿，感受传统文化的魅力与内涵。

学生演绎《纸扇书生》

二、根据演出内容划分

（一）技巧展示

技巧展示是功夫扇演出的一种主要形式，重点展示功夫扇的各种技

巧和动作。演员通过精湛的技艺和优秀的身体控制能力，展示扇子的灵
活性和美感。他们运用扇子的翻转、旋转、挥舞等各种技巧，创造出令
人惊叹的视觉效果。演员的动作精准而流畅，展示出扇子的多样用法和
潜力。他们通过精细的手指控制技巧和高超的身体协调能力，将扇子舞
动得犹如一片扇形的翅膀。

（二）舞蹈融合

舞蹈融合是将功夫扇与舞蹈元素融合在一起，形成独特的舞台表
现。演员将扇子的舞动与舞姿、舞步相结合，创造出优美的舞蹈画面。
他们运用扇子的开合、扇动、旋转等动作，与身体的舞蹈动作相呼应，
形成流畅而有节奏感的舞蹈节目。舞蹈融合的功夫扇演出注重舞台表现
力和舞蹈美学，让舞蹈的姿态与扇子的动作相互衬托，营造出充满艺术
感和审美情趣的演出效果。

功夫扇与舞蹈元素的融合

（三）剧场戏曲

剧场戏曲是将功夫扇表演与传统的戏曲表演（如京剧、豫剧等）相
融合。演员在扮演角色的同时，运用扇子展示角色的情感和动作。他们
借助扇子的舞动，表达角色的喜怒哀乐，突出角色的特点和个性。在剧
场戏曲中，扇子作为一种表演道具，与戏曲表演的音乐、唱腔、动作相
结合，形成独特的舞台呈现。演员的扇子技巧与戏曲角色的饰演相互辉

映，增强了角色形象的立体感和戏剧效果，使观众更加沉浸在戏曲的艺术氛围中。

从技巧展示，到舞蹈融合，再到剧场戏曲，功夫扇演出展示了其多样化的表现方式和丰富的内涵。这些独特的表演形式不仅能够展示扇子的技巧与美感，还能够传递文化的魅力与情感的色彩。观众通过欣赏功夫扇演出，不仅可以享受到精湛的技艺和舞台表演，还能够受到传统文化的浸润和滋养。

不同活动场景下的功夫扇

三、根据表演形式划分

1. 独舞表演

独舞表演是功夫扇演出的一种形式，由单独一位演员进行表演，旨在展示个人的技巧和风格。演员通过扇子的舞动和个人的动作表达，展示其扇艺技巧和个人风格。他们可以做出精准而流畅的扇子动作，展现他们的身体控制能力和艺术表达能力。独舞表演注重演员的个人魅力和舞台表现力。扇子的舞动传递出演员的情感和艺术感受，给观众带来视觉上和心灵上的享受。

2. 合奏表演

合奏表演是功夫扇演出的另一种形式，由多位演员协作进行表演，形成整体的舞蹈画面和节奏感。演员们通过协调一致的动作和扇子的舞动，营造统一而有序的演出效果。当然，他们也可以通过扇子的开合、旋转和挥舞等动作，形成错落有致的舞蹈编排和节奏。合奏表演注重团队的协作和整体的美感，通过多位演员的协调与配合，展现出功夫扇表演的集体魅力。

3. 团体演出

团体演出是一种大型的功夫扇演出，由大型团队或团体进行表演。团体演出注重成员间的协同合作和集体魅力的展示。演员们通过统一的动作和扇子的舞动，形成庞大而壮观的演出画面。他们可以做出高度协调的扇子动作，展现团队的默契。团体演出依靠大规模的演员群体和精心编排的动作，营造出震撼人心的舞台效果，给观众带来感官的冲击。

四、根据不同类型音乐划分

根据配乐的不同，功夫扇演出可以分为传统音乐形式、现代音乐形式两类。

（一）传统音乐形式

传统音乐形式是功夫扇演出中常用的音乐配合形式之一。演出中配

道具鼓在功夫扇表演中的应用

以中国传统乐器，如古琴、二胡、笛子等，营造具有古典感而又悠扬的氛围。这些传统乐器的独特音色和优雅旋律与功夫扇的舞动相结合，形成了独特的韵律。演员们在音乐的引导下挥动扇子，形成和谐而美妙的舞台画面。传统音乐配合下的功夫扇演出将观众带入古老而典雅的文化氛围中，传递出悠久的历史沉淀下深厚的文化底蕴。

（二）现代音乐形式

现代音乐形式是功夫扇演出中另一种常见的音乐配合形式。演出中使用现代音乐，如电子音乐、流行音乐等，以更加现代化的方式展现功夫扇的魅力。现代音乐节奏明快、动感强烈，与功夫扇的快速舞动相得益彰。演员们结合扇子的舞动和现代音乐的节奏，创造出充满活力的舞台表演。现代音乐配合下的功夫扇演出具有年轻、时尚和活泼的一面。当功夫扇的魅力与现代音乐的活力相互碰撞，会产生更具冲击力的舞台效果，容易吸引更广泛的群体。

传统音乐和现代音乐的配合形式为功夫扇演出带来了不同的音乐氛围和风格。观众可以根据个人的喜好和审美取向，或是选择欣赏传统音乐配合的功夫扇演出，感受古典与雅致的韵味；或是选择现代音乐配合的功夫扇演出，体验现代活力的碰撞。不论是哪种形式，功夫扇演出都能在音乐的引导下，展示扇子的技法、舞蹈的艺术魅力，为观众带来独特而难忘的视听体验。

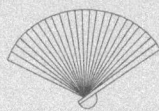

第八章

功夫扇比赛介绍

赛事是功夫扇发展的"试金石"与"助推器"。本章聚焦竞赛维度：先呈现现有比赛的规则框架、评审体系，明晰行业发展基础；再展望未来，从参与群体拓展到项目形式创新，探讨如何通过赛事激活功夫扇的竞技活力与社会影响力，为传承发展注入新动能。

第一节　功夫扇比赛设置现状

目前，国内没有单独为功夫扇而设置的比赛。从武术体系分类来看，功夫扇也并没有被视作一个独立而完整的武术体系或武术项目。若涉及功夫扇的比试，基本上都被纳入其他武术门类下的器械比赛范畴。其比赛规则参照中国武术协会审定的《传统武术套路竞赛规则》，全国性质的比赛有全国传统武术比赛等赛事。

就这一现状的形成原因，笔者采访了多位武术专家和资深武术裁判

功夫扇比赛场景

员，得到了如下结论。一方面，武术比赛套路中的器械项目种类繁多，如果要为每个器械项目再单独设置一项比赛，在组织筹备、赛程安排等诸多方面都将面临不少困难。另一方面，如果要为功夫扇单独设立比赛，在比赛标准细化评判上会面临一定的挑战。

具体而言，功夫扇是武术的一种表现形式，是武术的一部分，特别是在中国武术的体系中，功夫扇通常是作为其他武术套路的一部分出现。因此，功夫扇比赛往往不会单独设立，而是作为武术比赛中的一个项目。这是基于以下考虑：

（1）功夫扇中的扇作为一种武器，其动作和技巧都是武术套路的组成部分，按照中国武术传统的观点，功夫扇需要与拳法、步法等其他武术元素融合。

（2）虽然功夫扇具备独特的动作和技巧，但尚不足以构成一个固定的独立体系；功夫扇可以融入多种武术风格。如果把功夫扇当作独立的比赛项目，可能反而会限制其多元的发展路径，难以充分发挥其融合性优势。

（3）武术比赛的项目设置通常是根据武术的传统、技术和训练方法来划分的，功夫扇作为武术套路中的一个元素，更适合在套路比赛中展示。

（4）虽然功夫扇的表演非常具有观赏性，但它通常需要与其他武术元素结合，才能完整展现武术文化的魅力。此外，市场因素和观众的兴趣也会影响比赛项目的设置。

（5）武术比赛的项目设置通常与训练方法、评价标准密切相关。功夫扇作为其他武术套路的一部分，其训练方法和评价标准与整个套路是相联系的。

尽管如此，功夫扇作为一种艺术形式和健身方式，仍然受到许多人的喜爱。在某些情况下，也会举办专门的功夫扇表演或比赛，这些通常是非官方或半官方的活动，更多是为了展示和推广功夫扇文化。

为了推动功夫扇项目能够单独设立一门比赛，并保证其可持续发展，笔者认为可以采取以下措施：

（1）联合武术专家和规则制定者，制订一套既严格又适用的功夫扇比赛规则，这套规则的实施要能够确保比赛的公平性和可操作性。

（2）设计一套明确的评分系统，包括动作的准确性、技巧的熟练度、表演的艺术性等多个方面。

（3）为教练和裁判员提供专业的培训，确保他们了解比赛规则和评分标准，能够有效地指导选手和执行裁判工作。

（4）通过社交媒体、节庆活动等渠道，大力推广功夫扇比赛，提高公众的认知度和兴趣。

（5）建立武术学校和俱乐部，培养专业的功夫扇选手和教练，为比赛提供人才支持。

（6）先从地区性比赛开始，逐步扩大到全国范围，积累比赛经验，提高比赛知名度。

（7）与企业和机构合作，寻求赞助，为比赛提供资金和其他资源支持。

（8）提供良好的观赛体验，包括舒适的观赛环境、精彩的开赛仪式、有趣的互动环节等，吸引更多观众前来观看。

（9）实现高质量比赛的常态化，打造功夫扇比赛的赛事品牌，增加其影响力和吸引力。

（10）定期评估比赛的效果和参与度，收集反馈意见，据此不断调整和优化比赛内容和运作方式。

通过上述措施，可以逐步建立和巩固功夫扇作为单独比赛项目的地位，促进其健康发展，并吸引更多的参与者和支持者。

第二节　功夫扇比赛的多样化方向

一、组织机构和管理体系

在功夫扇比赛的组织和实施过程中，建立健全的组织机构和有效的管理体系至关重要。这样的机构和体系要能够确保比赛的顺利进行，保证公正、公平的评判和参与者的良好体验。

（一）组织委员会

成立一个专门的组织委员会，负责功夫扇比赛的规划、组织和实施。委员会成员应包括赛事主办方的代表、技术专家、评委、裁判员和相关的行政人员。根据不同的比赛规模，可设立竞赛委员会、竞赛部或竞赛处。竞赛委员会由负责竞赛业务的若干人员组成，在组委会统一领导下，负责整个赛事的竞赛组织工作。组织委员会的主要职责包括制定比赛规则和标准、确定赛程安排、招募参赛选手、筹备比赛场地和设备等。

在大学中成立一个由多个相关部门代表组成的组织委员会，如体育部、学生事务部和文化艺术中心等。委员会的主要职责包括协调比赛策划、宣传、场地准备和参赛选手管理等。委员会成员应定期开会，确保各项工作进展顺利，并制定详细的时间表和责任分工。

另外，比赛还应该设置仲裁委员会，仲裁委员会由主任、副主任、委员共3人、5人或7人组成。接受运动队申诉，及时做出裁决。仲裁人员不参加与本人所在协会有牵连问题的讨论与表决。表决投票相同时，仲裁委员会主任有决定权。仲裁委员会的裁决为最终裁决。仲裁委员会负责确定比赛时每个场地的仲裁摄像机位置。

（二）赛事主办方

作为功夫扇比赛的主办方，负责整体的赛事策划和组织工作。他们应该具备丰富的经验和专业知识，能够提供足够的经费和资源来支持比赛的顺利进行。赛事主办方还应积极与政府部门、相关机构和社区展开合作，争取支持和宣传，以确保比赛的可持续性，扩大赛事的影响力。

1.技术专家团队

组织委员会应聘请具有丰富功夫扇技术知识和经验的专家组建技

术专家团队。他们将负责制定比赛的技术标准、评分细则和裁判培训计划。专家团队应该具备广泛的专业背景，能够充分涵盖不同功夫扇流派和风格，确保评判的客观性和公正性。

可邀请具有功夫扇专业知识和经验的教师或武术专家担任技术专家。他们将负责制定比赛的技术标准、评分细则和裁判培训计划。技术专家团队应与组织委员会合作，提供专业指导和支持，确保比赛的技术规范和评判公正。

2.裁判员

选拔和培训合格的裁判员团队是比赛的重要环节。裁判员应具备深厚的功夫扇技术功底和丰富的比赛经验。他们应熟悉比赛规则和评分标准，并能够公正、客观地评判选手的表现。在比赛中，裁判员需要具备辨别和评估选手动作、技巧和艺术表现的能力。

3.参赛选手管理

组织委员会负责招募和管理参赛选手。他们应制定报名流程和资格要求，并组织选拔赛或海选活动。参赛选手应提供个人信息和技术履历，并遵守比赛规则和行为准则。在比赛前，组织委员会应提供相关赛事安排，确保选手充分准备和参与。

4.比赛场地和设备

组织委员会需要选择合适的比赛场地，确保场地条件符合比赛要求，并提供充足的观众席位和媒体设施。此外，他们还要准备和提供必要的比赛用具，包括标准扇子和音响设备等。

5.宣传与推广

赛事主办方和组织委员会应制订有效的宣传和推广计划，以吸引更多的参赛选手和观众。他们可以利用各种媒体渠道和社交媒体平台进行宣传，发布赛事信息、接受参赛报名等。此外，他们还可以与相关媒体、武术协会、社区组织和商业合作伙伴合作，扩大比赛的知名度和影响力。

（1）制订宣传计划。赛事主办方和组织委员会应制订详细的宣传计划，确定宣传目标、目标受众、宣传内容和宣传渠道等。计划应包括宣传时间表和责任分工，确保宣传工作的有序进行。

（2）建立赛事官方网站。创建一个专门的赛事官方网站，提供关于比赛的详细信息，包括比赛规则、报名流程、赛程安排和奖项设置等。网站应具有良好的用户体验，并保持及时更新。

（3）利用社交媒体。通过社交媒体平台如微博、微信公众号等，发布赛事相关信息，包括宣传海报、比赛动态、选手介绍和赛事回顾等。鼓励参赛选手和观众在社交媒体上分享比赛的照片和视频，增加赛事的曝光度和互动性。

（4）合作媒体渠道。与校内外的媒体合作，包括校园广播电台、校报、本地电视台、报纸等，发布赛事新闻稿和广告，邀请媒体进行报道和采访，提高比赛的曝光率和知名度。

（5）招募赞助商。与相关企业、商业合作伙伴和社区组织合作，争取赛事赞助和支持。赞助商可以在比赛场地设置展台、横幅广告，提供奖品和赞助款项，以及参与其他宣传活动，增加赛事的品牌影响力。

（6）利用校园资源。利用大学的校园资源，如校园广告牌、学生活动板报、学生社团等，宣传比赛信息。鼓励学生会、社团和各学院的学生组织参与宣传活动，通过口碑传播扩大比赛的知名度。

（7）制作宣传物料。设计制作宣传海报、传单、宣传册等物料，宣传比赛的时间、地点、参赛要求和奖项设置等重要信息。这些宣传物料可以在校园各个重要场所进行张贴和分发，吸引更多的目标群体关注比赛。

（8）制作宣传视频。制作宣传视频，展示功夫扇比赛的魅力和精彩瞬间。视频可以包括选手表演、裁判评分、观众互动等内容，通过在校园内播放、社交媒体分享和线上平台发布，吸引更多人的关注和参与。

二、比赛级别和分类

比赛级别和分类的设立可以根据不同的参赛者水平和技术要求，使比赛更加公平和有针对性。

（一）比赛级别

初级级别：初级级别适合刚开始学习功夫扇的参赛者。这个级别的比赛主要侧重于基本功和动作的准确性，要求参赛者能够熟练掌握基本的扇法和动作组合。评分标准主要包括动作的流畅性、协调性、准确性以及与音乐的配合等。音乐因素在初级级别中的评分标准中占有重要的一部分，要求参赛者能够根据音乐的节奏和情感，合理地安排动作的节奏和转换，使整个表演更加有节奏感和美感。

中级级别：中级级别适合对功夫扇有一定经验和技巧的参赛者。这个级别的比赛要求参赛者能够展现更高水平的扇法技巧，包括翻转、旋转、抖动等。评分标准主要包括技术难度、动作的精确性、创意性以及与音乐的配合等。音乐因素在中级级别中起到了更加重要的作用，参赛者需要能够准确把握音乐的节奏和情感，将扇法动作与音乐的节奏进行有机融合，展现出更高水平的艺术表现力。

高级级别：高级级别适合已经掌握功夫扇高级技巧和套路的参赛者。这个级别的比赛要求参赛者能够展现出更高水平的技术功底和舞台表现力，包括扇法的复杂组合、身体的灵活性和舞台形象的塑造等。评分标准主要包括技术难度、动作的精密度、表演的艺术性、舞台呈现以及与音乐的配合等。在高级级别中，音乐因素扮演着至关重要的角色，参赛者需要能够精准地感知音乐的情感和变化，将扇法动作与音乐完美地结合，创造出令人震撼的视听效果。

（二）比赛分类

在功夫扇文化现代传承的基础上，考虑到现代年轻人的特点、爱好以及如何将他们的兴趣调动起来，除了传统的功夫扇套路动作比赛之外，通过设置丰富多样化的比赛形式推广功夫扇文化，被越来越多的年轻人接受和传承。

1. 功夫扇动作比赛

这个比赛主要侧重于参赛者的扇法技巧和动作表演。可以设立不同级别的比赛，从初级到高级，根据参赛者的技术水平划分。评分标准可以包括动作的流畅性、协调性、准确性以及与音乐的配合等。参赛者需要展示出独特的扇法动作组合、转换技巧和舞台表现力。可以大致分为以下几类。

（1）套路类比赛：套路类比赛是指参赛者按照规定的扇法动作和技巧进行预先排练的表演。每个级别都设有相应的套路，参赛者需要按照规定的动作顺序和要求进行表演。评分标准主要包括动作的准确性、连贯性、节奏感和表演的艺术性等。

（2）自由创意类比赛：自由创意类比赛鼓励参赛者展示他们的创造力和个人风格。参赛者可以根据自己的喜好和技巧，自由组合各种扇法和动作，展示独特的表演风格。评分标准主要包括动作的创意性、流畅性、表演的自然度和舞台呈现等。

（3）对抗类比赛：对抗类比赛是指参赛者之间进行实时的对抗性表演。参赛者需要通过扇法技巧和动作的对抗，展示出身体的协调性、反应速度和战斗力。评分标准主要包括技术的对抗性、动作的精准度、战斗的真实感和表演的表现力等。

除了比赛级别和分类，还有其他考虑因素可以增加比赛的多样性和趣味性：

年龄组别：根据参赛者的年龄，可以设立不同的年龄组别，如青少年组、成人组和老年组等，以便更好地满足不同年龄段参赛者的需求。

团体赛：除了个人比赛，还可以设立团体赛，鼓励参赛者以团队的形式进行比赛。团体赛可以分为小组赛和决赛，参赛队伍可以展示协同配合和团队精神，增加比赛的互动性和观赏性。

特殊奖项：在比赛中设立一些特殊奖项，如最佳创意奖、最佳表演奖、最佳技巧奖等，以表彰在特定方面表现出色的参赛者。这样可以激发参赛者的积极性和创造力，增加比赛的趣味和竞争性。

赛事活动：在比赛期间，可以组织一些相关的赛事活动，如扇法讲座、技巧培训、名师示范等，为参赛者和观众提供更多的学习和互动机会，丰富比赛的内容和氛围。

2. 功夫扇服装比赛

功夫扇服装比赛旨在结合传统传承和现代创新，打造符合年轻人特点的独特服装设计。这个比赛注重参赛者的服装设计和搭配。参赛者可以设计和制作与功夫扇表演相匹配的服装，展现出独特的风格和创意。评分标准可以包括服装的设计美感、与表演主题的契合度、色彩搭配和服装质量等。

功夫扇服装比赛

（1）设计要求。

a. 传统传承：参赛服装设计应融入中国传统文化元素，如汉服等，以体现功夫扇的传统根源。

b. 现代创新：参赛服装设计需要注入现代时尚元素，结合年轻人的审美趋向，使服装更加符合现代社会的审美观。

c. 表演契合度：服装设计应与功夫扇表演主题相契合，能够凸显扇法动作的优美和舞台效果。

（2）评分标准。

a. 设计美感：服装设计的整体美感，包括造型、线条、比例和整体协调性等因素。

b. 传统与现代结合：传统元素与现代创新的融合程度，体现出对传统文化的传承与创新的表达。

c. 色彩搭配：服装色彩的选择和搭配是否和谐、具有吸引力，能否突出表演主题。

d. 服装质量：服装制作的工艺和质量，包括剪裁、缝制、面料选择等方面的考量。

（3）比赛流程。

a. 提交作品：参赛者需要提交服装设计的图纸或手稿，并附上相关说明，包括服装材质介绍。

b. 评审过程：评委团将根据评分标准，对参赛作品进行综合评定。

c. 决赛展示：初赛的优秀作品将晋级决赛阶段。参赛者将有机会展示自己的设计作品，并接受现场评审和表演。

（4）奖项设置。

a. 冠军、亚军、季军：根据评审结果，对决赛阶段的作品进行排名并颁发奖项。

b. 最佳创新奖：评选出在传统与现代结合创新方面表现出色的服装设计作品。

c. 最佳表演奖：评选出在服装与功夫扇表演契合度方面表现出色的服装设计作品。

3. 功夫扇设计比赛

这个比赛侧重于功夫扇本身的设计创意和工艺。参赛者可以设计独特的功夫扇造型、纹饰和材质，展示出创新和艺术性。评分标准可以包括设计的创意度、造型美感、工艺精细度以及与功夫扇的实用性和舞台表现性的结合。功夫扇设计比赛将注重参赛者对功夫扇的设计创意和工艺的展示。以下是对该比赛的具体详细设计：

（1）参赛对象。

a. 参赛者：比赛开放给所有对扇面设计感兴趣的学生或个人。

b. 参赛作品：参赛者需设计并制作功夫扇的扇面，包括造型、纹饰和材质等方面。

（2）设计要求。

a. 创意与原创性：参赛作品应具备独特的设计创意，能够展现个人风格和独特的艺术性。

b. 功夫扇元素：设计作品应与功夫扇的动作、故事、学校特色等相关，以增强作品的内涵和表现力。

c. 实用性和舞台表现性：设计作品需要兼顾功夫扇的实用性，同时考虑其在舞台表演中的效果和视觉冲击力。

（3）评分标准。

a. 创意度：设计作品的创新程度和独特性，能否给人留下深刻印象。

b. 造型美感：扇面的整体造型和比例是否美观、和谐，能否体现设计者的审美追求。

c. 工艺精细度：设计作品的制作工艺和材质选择是否精细，是否体现出高质量的制作水平。

d. 实用性和舞台表现性：设计作品在实际使用中的便捷程度和在舞台表演中的视觉效果。

（4）比赛流程。

a. 提交作品：参赛者需提交设计作品的图纸或手稿，并附上相关说明和作品制作材料。

b. 评审过程：评委团将对参赛作品进行评审，根据评分标准进行综合评定。

c. 决赛展示：评选出初赛的优秀作品，进入决赛阶段。参赛者将有机会展示自己的设计作品，并进行现场评审和展示。

（5）奖项设置。

a. 冠军、亚军、季军：根据评审结果，对决赛阶段的作品进行排名并颁发奖项。

b. 最佳创意奖：评选出在设计创意方面表现出色的作品。

c. 最佳工艺奖：评选出在工艺精细度和材料选择方面表现出色的作品。

d. 最佳舞台表现奖：评选出在实用性和舞台表现性方面表现出色的作品。

通过这样的设计，比赛将激发参赛者的创造力，鼓励他们设计出独特、具有艺术性的功夫扇扇面。

4. 功夫扇短视频拍摄比赛

这个比赛要求参赛者以功夫扇为主题，拍摄创意短视频。参赛者可以发挥想象力，通过摄影、剪辑等技术手段，展示功夫扇的美感、动态和神秘感。评分标准涵盖视频的创意度、画面表现力、剧情完整度以及与背景音乐的融合度等。功夫扇短视频拍摄比赛旨在鼓励参赛者以功夫扇为主题，借助创意短视频，展示功夫扇的美感、动态和神秘感。以下是对该比赛的具体详细设计：

（1）参赛对象。

a. 参赛者：比赛开放给所有对短视频创作感兴趣的学生或个人。

b. 参赛作品：参赛者需创作一段以功夫扇为主题的短视频。

（2）创作要求。

a. 主题：短视频的主题应围绕功夫扇展开，可以是功夫扇的学习过程、花絮，或包含故事情节或动画视频形式等。

b. 创意与原创性：参赛作品应具备独特的创意和个人风格，能够引起观众的兴趣和共鸣。

c. 视觉表现：参赛作品需要通过摄影、剪辑等技术手段展示功夫扇的美感、动态和神秘感，具有良好的视觉效果。

d. 音乐配合：参赛作品可以配合适当的音乐，以增强视听体验和短视频的表现力。

（3）评分标准。

a. 创意度：短视频的创新程度和独特性，能否给人留下深刻印象。

b. 视频表现力：短视频的镜头运用、剧情叙述和画面呈现等方面的表现力。

c. 剧情完整性：短视频的剧情线索是否清晰、完整，能否让观众理解和体会到故事的内涵。

d. 音乐配合：音乐与视频的配合是否和谐、协调，能否增强短视频的情感表达。

（4）比赛流程。

a. 提交作品：参赛者需提交短视频作品，并注明作品的标题、时长、创作背景和相关说明。

b. 评审过程：评委团将对参赛作品进行评审，根据评分标准进行综合评定。

c. 决赛展示：评选出初赛的优秀作品，进入决赛阶段。参赛者将有机会展示自己的短视频作品，并进行现场评审和展示。

（5）奖项设置。

a. 冠军、亚军、季军：根据评审结果，对决赛阶段的作品进行排名并颁发奖项。

b. 最佳创意奖：评选出在创意度方面表现出色的作品。

c. 最佳表现奖：评选出在视频表现力和剧情完整性方面表现出色的作品。

d. 最佳音乐配合奖：评选出音乐与视频配合最协调的作品。

比赛鼓励参赛者发挥创造力，通过短视频的方式展示功夫扇的美感、动态和神秘感。参赛者可以利用摄影、剪辑等技术手段，以别出心裁的方式构思并呈现出独特的功夫扇主题故事或画面，同时配合适当的音乐，营造出更好的视听体验。这样的比赛将为参赛者提供展示才华和创造力的平台，同时也能够推广和传播功夫扇的魅力和艺术性。

通过以上多角度的比赛分类，可以充分发挥艺术类学校的专业优势，提供更多的参赛机会和展示平台，激发学生们的创造力和艺术表现力。同时，这些比赛也可以促进不同专业之间的交流和合作，催生出更具创新性、更具综合价值的作品。

三、裁判工作

功夫扇比赛中裁判起着至关重要的作用，他们负责评判参赛作品，并根据评分标准对作品进行综合评定。下面是关于裁判工作的具体内容：

（一）裁判选拔

裁判团的组建是一项极为关键的任务，需要充分考量专业知识、经验和公众参与等多方面因素。以下是关于裁判团组建的详细内容，包括专业裁判、行业专家和学生大众裁判的角色和选拔标准。

1. 专业裁判团队

作为裁判团的核心成员，专业裁判在功夫扇比赛领域具有丰富的经验和专业知识，并且拥有较强的综合能力，包括专业知识、审美眼光、判断力、沟通能力和团队合作能力等。他们需秉持客观公正的态度评价，并与其他裁判成员展开有效的讨论，共同做出公允的决策。

正式比赛的裁判员组成如下：

（1）执行裁判员组成。

a. 总裁判长1人、副总裁判长1～2人。

b. 裁判组设裁判长1人、副裁判长1人；评分裁判员3～5人。根据竞赛规模可设若干个裁判组。

c. 编排记录长1人。

d. 检录长1人。

（2）辅助裁判员组成。

根据比赛规模，可适当增加或减少人员。

a. 编排记录员3～5人。

b. 检录员每场地2～3人。

c. 电子计分员每个场地1～2人。

d. 仲裁摄像员每个场地 1～2 人。

e. 放音员 1～2 人。

f. 宣告员 1～2 人。

（3）裁判员职责。

总裁判长

a. 组织领导裁判工作，保证竞赛规则的执行，检查落实赛前各项准备工作。

b. 解释规则、规程，但无权修改规则、规程。

c. 在比赛过程中，根据比赛需要可调动裁判员工作；裁判员发生严重错误时，有权处理。

d. 审核并宣布比赛成绩，做好裁判工作总结。

副总裁判长

协助总裁判长的工作，并可重点负责竞赛中某一部分的工作。在总裁判长缺席时，代行其职责。

裁判长

a. 组织本裁判组业务学习，实施裁判工作。

b. 执行比赛中对套路时间不足或超出规定、重做、集体项目少于规定人数、配乐项目不符合要求的扣分。

c. 经总裁判长同意，有权对不合理的应得分进行调整，但无权更改裁判员的评分。

d. 评分裁判员发生严重的评判错误时，可向总裁判长建议给予相应的处理。

副裁判长

a. 协助裁判长工作。

b. 负责管理本场地检录组的工作，保证比赛有序进行。

评分裁判员

a. 服从裁判长的领导，参加裁判学习，做好准备工作。

b. 认真执行规则，独立进行评分，并作详细记录。

c. 负责运动员等级评分和其他错误的扣分。

编排记录长

a. 组织安排编排记录工作。

b. 审查报名表，编排秩序册、成绩册。

c. 准备比赛所需的竞赛表格。

d. 可根据总裁判长意见，对比赛现场进行的有关项目的组别、顺序进行调整，包括对人员和项目的增加或删减。

e. 审核比赛成绩和排列名次。

f. 协调与电子计分与成绩处理系统的工作，保证比赛成绩正确无误。

检录长

a. 负责在赛前协调场地布置，落实各场地检录处位置、运动员入场和退场的位置及标记。

b. 组织安排检录工作。

c. 按比赛顺序按时检录，及时将检录结果报告编排记录长。

d. 组织颁奖仪式的检录工作。

编排记录员

根据编排记录长分配的任务进行工作。

检录员

a. 根据检录长分配的任务进行工作。

b. 按照比赛顺序及时进行检录。在第一次检录时，收取配乐项目音乐光碟或U盘，根据运动员（队）比赛顺序进行编号，送到播放处。比赛结束后，负责将音乐光碟或U盘归还运动队。

c. 在每个项目开始比赛前，引导比赛运动员入场，向裁判长递交检录表。

d. 在多名运动员同场比赛时，负责运动员起势位置的确定。

e. 引导运动员进入比赛场地、退出比赛场地。

电子计分员

a. 收集、统计报名数据，提供竞赛表格。

b. 参与技术会议并操作电脑抽签，协助编排记录长排定运动员的比赛顺序。

c. 按要求提供各项目成绩公告。

d. 维护整个比赛过程中电子计分与成绩处理系统的正常运行。

仲裁摄像员

a. 对全部比赛项目进行现场不间断录像。

b. 管理全部录像，存档保留。

宣告员

a. 介绍竞赛规程、规则、传统武术拳种及项目特点等知识。

b. 做好临场宣告。

放音员

a. 按组委会要求播放赛场音乐和礼仪音乐。

b. 运动员站在比赛场地3～5秒之间，开始放音乐。

2. 行业专家

在功夫扇传承过程中，功夫扇比赛是检验手段之一，可商业化落地也是考虑因素之一，所以比赛中邀请行业专家参与裁判组成。他们有些人是对功夫扇道具的工艺、材质、市场需求等方面有着独特的了解，有些人是从事扇生产、销售或研究的专家，他们的经验可以提供行业内的专业视角和实践经验。选拔标准如下：

行业背景：优先考虑从事制扇技艺非遗传承人、销售一线或专注于功夫扇学术研究的专业人士。他们应该对功夫扇行业的发展趋势、市场需求和消费者偏好有深入的了解。

经验和知识：评估候选人在功夫扇行业方面的经验和知识，包括对工艺、材质和设计趋势的了解。候选人的专业知识和经验需得到行业内的认可和肯定。

行业贡献：评估候选人在功夫扇行业中的贡献，例如是否参与过行业的推动或改革，是否发表过相关文章或研究成果等。这些贡献可以体现候选人对行业的影响力和专业度。

3. 学生大众裁判

为了提升比赛的参与度和公众参与感，可邀请一些对功夫扇感兴趣的学生或普通大众担任裁判。通过培训和指导，使他们熟悉比赛规则和评分标准，并参与对作品的评价和评分。选拔标准如下：

兴趣和热情：优先选择对功夫扇展现出浓厚兴趣的学生或普通大众，以确保学生大众裁判能够秉持认真负责的精神积极主动地参与评分。

培训和指导：提供必要的培训和指导，使学生大众裁判了解比赛规则、评分标准和专业术语。他们应具备基本的审美意识和评价能力，并能够充分理解专业裁判给出的反馈和意见。

公正和客观：学生大众裁判应做到客观公正地评价作品，不受个人偏好或情感因素的影响。比赛结果应同时参考学生大众裁判和专业裁判的意见，以保障比赛的公正性和准确性。

广泛代表性：选拔一定数量的学生大众裁判，以确保他们在年龄、性别、背景和观点等方面具有一定的代表性。这样可以催生多元化的评价和意见，并增强比赛的公众参与感。

最后，裁判团的组成务必兼顾专业性、多样性和公正性的平衡。专业裁判和行业专家可以提供专业知识和深入的评判，学生大众裁判可以增加比赛的参与度和公众参与感。通过合理的选拔标准和培训指导，裁判团成员可以协同合作，共同对参赛作品进行全面的评估和评判，确保比赛结果既客观公正又不失专业性。

（二）评审流程

（1）初赛评审：根据比赛类型可以灵活设置初赛环节，裁判团对参赛者提交的作品进行评审，从作品的创意度、造型美感、工艺精细度等方面进行考量，并按照评分标准进行评定。

（2）决赛评审：筛选出初赛优秀作品进入决赛，裁判团将对决赛作品进行现场评审，考察其实用性、舞台表现性等方面，并对作品进行综合评价。

（3）评分标准：裁判团根据提前确定的评分标准对参赛作品进行评

分，评分标准应包括创意度、造型美感、工艺精细度、实用性和舞台表现性等方面。

（三）评分方法与标准

（1）创意度：评估参赛作品的设计创新程度、独特性和艺术性，能否给人留下深刻印象。

（2）造型美感：评估作品的整体造型、比例和美学表现，考察其是否美观、和谐，并能体现设计者的审美追求。

（3）工艺精细度：评估作品的制作工艺和材质选择，考察其制作水平和质量，是否体现出高水平的工艺技巧。

（4）实用性和舞台表现性：评估作品在实际使用中的便捷程度和在舞台表演中的视觉效果，考察其是否能够满足使用和表的需求。

专业的裁判团队在进行专业动作评分时，参考《传统武术套路竞赛规则》执行，主要评分方法和评分依据如下：

1. 评分方法

（1）各项目满分为10分。

（2）评分裁判员根据运动员（队）现场演练的技术水平，对照"等级评分总体要求"的相符程度，参照等级评分的标准确定运动员（队）的等级分数，减去运动员演练中出现的"其他错误"的扣分。

评分裁判员所示分数到小数点后2位数，尾数为0～9。

（3）应得分数的确定。

三名评分裁判员评分时，取三名评分裁判员所评分数的平均值为运动员的应得分；四名评分裁判员评分时，取中间两名评分裁判员所评分数的平均值为运动员的应得分；五名评分裁判员评分时，取中间三名评分裁判员所评分数的平均值为运动员的应得分。应得分取到小数点后两位数，小数点后第三位数无效。

（4）裁判长调整分数。

当评分出现明显不合理时，在出示运动员最后得分之前，裁判长可给予加分或减分。裁判长加分或减分的范围为0.01分至0.05分。经总裁判长同意后，裁判长加分或减分的范围为0.05分至0.1分。

（5）最后得分的确定。

裁判长从运动员的应得分中减去"裁判长的扣分"，再加上"裁判长调整分数"，即为运动员的最后得分。

2. 评分标准

1）等级评分的标准

等级评分的标准划分为三档九级，其中"优秀"为8.50～10.00分，"良好"为7.00～8.49分，"一般"为5.00～6.99分为尚可。

（1）竞赛项目等级评分总体要求。

a. 动作规范，方法正确，风格突出。运动员演练的套路应包含该项目的主要内容和技法，突出项目技术特点和个人演练风格。

b. 劲力顺达，力点准确，动作协调。运动员的演练应表现出该项目的劲力与方法，手、眼、身法、步配合协调，器械项目要求身械协调统一。

c. 节奏恰当，精神贯注，技术熟练。运动员的演练应表现出合理的动作节奏，鲜明的攻防意识和娴熟的演练技巧。

d. 结构严密，编排合理，内容充实。运动员演练的整套动作应与该项目的技术特点保持一致，具有传统性。

e. 功法项目应动作规范、动静自然；连贯圆活，速度适宜；意念集中、呼吸顺畅；神态自然，风格突出；演练神韵与项目特点相融合。

f. 对练项目应内容充实，结构紧凑，动作逼真，风格突出，配合严密，攻防合理。

g. 集体项目应队形整齐，应以该项目的技术为主要内容，突出项目特点，配合默契，动作整齐划一，结构紧密，布局匀称，并富于一定的图案变化。

h. 配乐项目的音乐风格应与项目特点和技术动作和谐一致。

（2）表演项目等级评分总体要求。

a. 以武术技术为主要内容，并能较好地吸收和融合其他艺术元素。

b. 能较好地利用其他艺术的表现手法，来烘托项目展示。

c. 结构严密、内容充实、技术熟练、配合默契、主题突出，富于时代气息，充分展现积极、健康、向上的精神风貌。

d. 音乐与主题和动作配合紧密、和谐顺畅。

e. 富有创新意识。

2）其他错误的扣分内容与标准

遗忘：扣0.1分。

出界：扣0.1分。

失去平衡：晃动、移动、跳动扣0.1分。

器械、服装影响动作：扣0.1分。

3. 拓展类比赛等级评分总体要求

（1）主题契合性：参赛作品需以功夫扇为核心主题，深度挖掘功夫扇的文化内涵、武术特色，确保作品与功夫扇紧密关联，从不同维度展现功夫扇的独特魅力。

（2）创新性与独特性：鼓励选手突破传统思维，在作品形式、表现手法、设计理念等方面展现创新意识，以新颖独特的方式诠释功夫扇，为赛事注入新活力。

（3）完整性与专业性：作品应具备完整的结构与内容，在各自领域内展现专业水准，如服装比赛的工艺制作、设计比赛的视觉传达、短视频比赛的拍摄剪辑等。

（4）功能性与实用性：强调作品的实际功能，服装要满足功夫扇表演或练习需求，设计作品要具备宣传推广作用，短视频要实现有效传播，达到相应的实用目标。

（四）评审公正性

（1）匿名评审：在评审过程中，裁判不得将参赛者的身份信息透露给裁判，以确保评审的公正性和客观性。

（2）多人评审：裁判团由多位评委组成，通过多人参与评审，以降低主观偏见对评审结果的影响，提高评审的客观性。

（3）评审监督：比赛组织者可以设立评审监督机构或专人，对评审过程进行监督和审核，确保评审的公正性和透明度。

（五）裁判沟通与合作

（1）裁判会议：比赛组织者可以组织裁判团进行赛前会议，讨论评审标准、作品评价要点和评分方法等，以确保评审的一致性和准确性。

（2）评审反馈：比赛组织者可以要求裁判团对参赛作品进行评价并给出评审意见，以帮助参赛者了解作品的优点和改进空间。

四、场地布置

场地布置是功夫扇比赛成功举办的重要环节之一，一个合理、美观且功能齐全的比赛场地可以为选手提供舒适的竞技环境，同时也能为观众带来优质的视觉体验。下面是关于场地布置的具体内容：

（一）场地选择

选择一个适合举办功夫扇比赛的场地至关重要。场地应具备足够的空间容纳参赛选手、裁判团和观众，同时还要考虑到观众视野、场地安全性和交通便利性等因素。室内场地通常是一个较理想的选择，因为它可以提供稳定的环境和良好的灯光条件。

（1）个人项目的比赛场地为长14米、宽8米，场地四周内沿标明5厘米宽的白色边线。场地周围至少有2米宽的安全区域。

（2）集体项目、表演项目的比赛场地为长16米、宽14米，场地四周内沿标明5厘米宽的白色边线。场地周围至少有1米宽的安全区域。

（3）比赛场地上方无障碍空间的垂直高度不少于8米，两个比赛场地之间的距离不小于4米。

（4）比赛场地的灯光照度不低于1 200勒克斯。

（二）舞台设置

舞台是比赛的核心区域，其设计应重点关注是否能够充分展示选手技艺。舞台的规模应根据参赛选手的数量和表演需求来确定，足够宽敞的舞台可以让选手有足够的空间展示技巧，并与观众建立更好的互动。舞台背景是营造比赛氛围的重要元素之一，可以设计与功夫扇主题相关的装饰，融入中国传统文化元素、扇子图案或功夫场景等。同时利用舞台背景的灯光效果，可以进一步突出选手的表演，渲染舞台氛围。

还有舞台道具，为了丰富舞台表演的形式，提升视觉效果，可以在舞台上设置一些适合功夫扇表演的道具。例如，可以摆放一些装饰性的扇子或其他与扇子相关的道具，以丰富选手的表演内容。这些道具应该与舞台布置和背景相协调，不会侵占选手的表演空间或对选手的安全造成威胁。

（三）观众席位

为观众设置舒适的席位也是布置场地时需着重考虑的因素之一。观众席位应该能够提供良好的视野，使观众能够清晰地观看比赛表演。席位的数量和布局应根据参赛选手和观众的预期人数来确定，同时还要考虑到观众的观赏安全和便利性。在观众席位上设置标识牌和指示牌，以便观众能够迅速找到自己的座位。

（四）灯光和音响

为了营造出良好的比赛氛围，合适的灯光和音响系统是必不可少的。灯光设计应能够凸显选手的表演，同时给观众带来视觉上的享受。音响系统应具备良好的音质和扩音效果，使观众能够清晰地听到选手的表演音乐和裁判的评分。比赛场地的灯光照度不低于1 200勒克斯。

（五）裁判席位

为裁判团设置合适的席位是确保比赛评判工作顺利进行的关键。裁判席位应位于舞台附近，并能够清晰地观察选手的表演动作和技巧。每个裁判席位应提供舒适的座椅和适当的工作空间，以方便裁判记录评分和进行讨论。

（六）背景音乐和视频

背景音乐和视频可以为比赛增添气氛和视觉效果。合适的背景音乐应与功夫扇表演风格相匹配，并能够营造出激动人心的氛围。同时，利用大屏幕或投影仪播放与功夫扇相关的视频素材，可以进一步提升比赛的观赏性和互动性。

配乐项目按规程规定执行。配乐项目必须在音乐伴奏下进行。

音乐自行选择，但须与比赛套路相和谐。

伴奏音乐须用光盘或U盘录制，音乐格式为MP3。

动作开始的前奏曲和动作结束后的音乐尾声，须控制在15秒以内。比赛音乐须独立录制。

各运动队须配合放音员完成本队比赛音乐播放。

（七）比赛服装

（1）裁判员应穿着统一的裁判员服装。

（2）运动员应穿着具有运动特色、项目特色、民族特色、时代特色的比赛服装。

（3）规程可以根据竞赛类型、内容，统一规定运动员的比赛服装。

具体的比赛用扇是有一定的要求，具体要求如下：

比赛用扇基本要求一览表

型号（尺寸）	扇　长	宽度（扇柄）	厚　度	小扇骨宽度	重　量	重量浮动范围
1.0尺	33 cm	1.5 cm—1.9 cm	3.0 cm—3.5 cm	1.0 cm—1.4 cm	100 g—120 g	± 10 g

（续　表）

型号 （尺寸）	扇　长	宽度 （扇柄）	厚　度	小扇骨 宽度	重　量	重量浮动 范围
1.1尺	37 cm	1.5 cm— 1.9 cm	3.0 cm— 3.5 cm	1.0 cm— 1.4 cm	130 g— 150 g	± 10 g
1.2尺	40 cm	1.5 cm— 1.9 cm	3.0 cm— 3.5 cm	1.0 cm— 1.4 cm	140 g— 170 g	± 10 g

其他

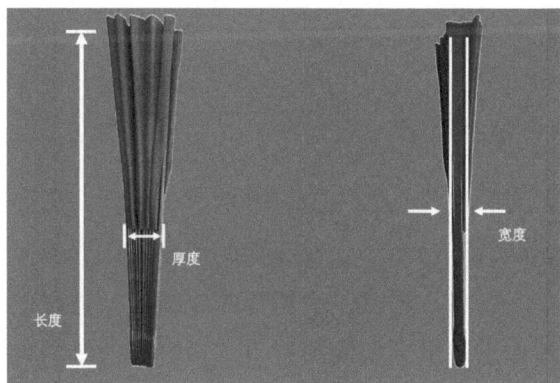

注：
1. 扇子整体颜色不限，扇骨材料不限（大扇骨2支，小扇骨11支），扇面可采用塔夫绸或绸缎等材料（要求：顺滑无毛刺）。
2. 扇面上端的弧形边沿（扇沿）不能高过扇骨顶端1.5厘米。

（八）安全保障

为了切实保障比赛安全，场地布置还需要落实相应的安全措施。在场地周边设置明显的出入口和疏散通道，确保观众和参赛选手在紧急情况下能够快速撤离。同时，合理安装防护设施，如护栏和安全网，以避免观众接触到舞台区域或选手使用的道具。定期检查场地设施的安全性，并配备专业的急救人员和灭火设备，以应对可能发生的紧急情况。

场地布置是功夫扇比赛组织实施的重要部分。通过合理的场地选择、舞台设置、观众席位规划、灯光和音响配置、裁判席位安排、背景音乐和视频的运用以及安全措施等方面的考虑，为比赛提供一个舒适、安全的环境。这样的场地布置不仅有助于选手充分发挥表演水平，也能够吸引更多的观众参与其中，共同享受功夫扇比赛的魅力。

五、奖励办法

功夫扇比赛旨在表彰参与者的才华和努力，并激励他们在这项艺术形式中不断进步。为构建多元化的奖励体系，以下列举了一些常见的奖励办法，可以根据需要进行扩展和调整：

（一）奖项设置的考量

个人项目、对练项目、集体项目分别设一、二、三等奖，各项目分别按比赛的成绩高低进行排序，各奖项的比例由竞赛规程作出规定。表演项目奖项设一、二、三等奖，按比赛的成绩高低进行排序，各奖项的比例由竞赛规程作出规定。表演项目也可设置其他特别奖项，特别奖项由竞赛规程作出规定。所以比赛评委将根据参与者的表现和技巧水平评选出一等奖、二等奖和三等奖。这些奖项将根据参赛者在比赛中所展示的功夫扇技巧、创意和表演能力来决定。

一、二、三等奖的分配比例通常取决于比赛的规模、参赛者的数量和评委的评判标准。以下是一种常见的分配比例：一等奖通常颁给表现最出色、技巧最高超的参赛者。一等奖的比例可以设置为总参赛人数的5%至10%之间，具体取决于参赛者的水平和比赛的激烈程度。二等奖颁给在比赛中表现出色但略逊一筹的参赛者。通常，二等奖的比例可设定为总参赛人数的10%至20%之间。三等奖是颁给在比赛中表现良好但排名相对较低的参赛者。三等奖的比例可以设置为总参赛人数的20%至30%之间。

需要注意的是，比赛组织者和评委应根据实际情况进行调整。如果参赛者数量较少或比赛水平较高，可以适当调整比例，以确保奖项的公正性和合理性。此外，比赛的赞助商和财务预算也可能会对奖项的数量和比例产生影响。因此，最佳的比例分配应该综合考虑所有这些因素。

（二）不同维度的奖项设置

除了一、二、三等奖之外，还可以颁发金、银、铜奖牌，以进一步细分奖励。金奖将颁发给在技巧、创意和表演方面表现最出色的参赛者，银奖将颁发给次之的参赛者，而铜奖则颁发给在比赛中展现出优秀水平、只是成绩相对比金银奖得主略逊一筹的参赛者。在许多比赛中，除了金银铜奖之外，还会设立其他特别奖项或参与奖，以确保更多的参赛队伍获得认可和鼓励。这些特别奖项可以根据比赛的具体情况和要求设置，例如最佳创意奖、最佳团队合作奖、最佳表演奖、最佳风尚奖等。这些奖项的设置可以在评选过程中突出不同的方面和优点，给予其他参赛队伍一定的认可和奖励。此外，有些比赛可能会设置参与奖，确保每个参赛队伍都能得到一定的鼓励和肯定，即使他们没有获得金银铜奖或其他特别奖项。这些参与奖可以是纪念品、证书、奖章等，以鼓励参赛队伍的努力和参与。

最佳风尚奖将授予在舞台表演中展现出卓越风格和令人印象深刻的参赛者。这个奖项将评估参赛者的着装、妆容和整体形象与功夫扇的契合程度。最佳风尚奖旨在鼓励参赛者注重形象塑造，将个人风格与功夫扇技巧相结合，创造独特的舞台魅力。最佳创意奖将授予在比赛中展现出独特且富有创造力表演的参赛者。这个奖项将重点评估参赛者的创意扇舞动作、编排和舞台效果。最佳创意奖的目的是激励参赛者挖掘创新的扇舞表演方式，展示独特的艺术想象力和个人风格。最佳团队奖将颁发给在团队合作、协调和默契方面表现出色的参赛团队。这个奖项将评估团队成员之间的配合程度、舞蹈编排的流畅性和整体表演的协调性。最佳团队奖的目的是鼓励参赛者的团队精神，展示团队合作在功夫扇表演中的重要性。观众人气奖将通过观众的投票来决定，颁发给在比赛中获得最多观众支持和喜爱的参赛者。观众可以根据自己的喜好和观赏体验选择自己最喜欢的参赛者。观众人气奖的目的是鼓励参赛者与观众进行互动，增加比赛的公众参与度和娱乐性。

这些奖励办法只是一些常见的例子，可以根据具体的比赛需求和资源情况进行扩展和调整，以确保奖励体系的多样性和公正性。此外，为了提高奖励的吸引力，还可以考虑以下补充措施：

（1）现金奖励。除了奖牌和证书外，为获奖参赛者提供现金奖励，以肯定他们的努力和才华。现金奖励可以根据奖项的级别和重要性进行设定。

（2）荣誉称号。为获奖者颁发特殊的荣誉称号，以表彰他们在功夫扇比赛中的杰出表现。这些称号可以根据比赛的性质和级别进行设置，如"年度功夫扇表演大师"或"杰出功夫扇新秀"。

（3）特别奖项。设立一些特别奖项，以表彰在特定方面表现突出的参赛者。例如，最佳技巧奖、最佳表演奖、最佳舞台效果奖等，这些奖项可以更具体地评估参赛者的个人强项。

（4）赞助合作奖品。与相关赞助商合作，提供优质奖品，例如体育用品、舞蹈器材、艺术用品等。这些奖品可以作为额外的奖励，激励参赛者并增加比赛的吸引力。

（5）表演机会。为获奖者提供展示才华的机会，例如邀请他们在其他公开活动、文化节等演出中表演。这样的机会不仅能够进一步展示他们的才华，还能为他们提供更多的舞台经验和曝光度。

最佳的奖励办法应该能够兼顾公平性、吸引力和激励性，旨在激发参赛者的热情和进取心。根据比赛的规模、预算和目标受众，可以选择适合的奖励办法，并确保奖励体系的透明度和公正性，以提升参赛者的参与度和比赛的声誉。

六、比赛宣传和推广

比赛宣传和推广是成功组织一场功夫扇比赛的重要环节，它能够吸引更多的参赛者和观众，增加比赛的知名度和影响力。具体可以从以下方面进行。

（一）宣传策略

定义目标受众。确定主要的目标受众，例如功夫扇初学者、扇舞爱好者、舞蹈爱好者、学校社团等。

确定宣传渠道。选择多样化的宣传渠道，包括社交媒体、官方网站、电视、广播、报纸、海报、传单等。

设计宣传资料。制作专业的海报、传单、宣传视频等，突出比赛的亮点和吸引力，包括时间、地点、报名方式等重要信息。

制定宣传时间表。确定宣传活动的时间表和计划，确保信息能够及时传达给目标受众。

（二）线上宣传推广

社交媒体宣传。创建官方社交媒体账号（如微博、微信公众号、小红书号等），定期发布关于比赛的消息、参赛者介绍、比赛规则等内容，并鼓励用户分享和互动。

官方网站。建立一个专门的比赛官方网站，提供详细的比赛信息、报名流程、赛程安排等，并保持更新。

在线广告。通过付费广告形式在搜索引擎和相关网站上投放广告，吸引更多的目标受众点击了解比赛。

（三）线下宣传推广

媒体合作。与当地电视台、广播台、报纸等媒体进行合作，发布比赛相关新闻和报道，吸引更多关注。

合作伙伴推广。与相关机构、社团、学校等建立合作伙伴关系，共同宣传比赛，例如在学校举办宣传活动、进行校园巡回宣讲等。

街头宣传。在繁华地段、公共场所设置展示摊位，展示功夫扇的魅力，吸引路人的关注并宣传比赛信息。

宣传活动。举办宣传活动，如开展功夫扇表演、举办讲座和工作坊等，吸引参与者和观众，并在活动中宣传比赛。

（四）激励机制

奖品宣传。突出奖项设置和奖品丰厚度，引起参赛者的兴趣和积极性。

优惠政策。出台早鸟报名优惠、团队报名优惠等激励措施，吸引更多参赛者报名。

合作折扣。与相关商家或品牌合作，提供参赛者和观众折扣，增加吸引力。

（五）口碑营销

参赛者宣传。邀请知名功夫扇表演者或明星作为参赛者或评委，并借助他们的影响力进行宣传。

观众互动。在比赛期间设置在线投票环节，增强观众的参与感。同时举办观众抽奖活动，激发观众的参与热情、活跃比赛氛围。

七、参赛条件和资格要求

（一）参赛资格

为确保功夫扇竞赛的公平与高水平竞技，参赛者需要满足一定的参赛资格和要求。以下是功夫扇竞赛的参赛资格细则和相关要求。

1.年龄限制

参赛者必须年满18周岁，这是为了确保参赛者在心智与身体素质方面均达到一定的成熟度，能够在竞赛中发挥出最佳水平。

2.技术要求

参赛者需具备一定的功夫扇技术基础和实战经验。他们应该熟练掌握功夫扇的基本动作和技巧，包括扇开合、旋转、翻转、挥舞等。参赛者的技术水平将作为评判标准之一，对于竞赛的结果有重要影响。

3. 健康状况

参赛者需要处于良好的健康状态，能够适应竞赛的体力和技巧要求。无身体疾病或伤病，能够全身心地投入到竞赛中。为了确保参赛者的安全，组织者可能会要求参赛者提供健康证明或经过体检。

4. 注册和报名

参赛者需要按照组织者的要求进行注册和报名。通常，参赛者需要填写相关的个人信息和联系方式，并缴纳一定的报名费用。这有助于组织者做好比赛的准备工作，并保证参赛者的权益。报名表可参照以下范例：

20××年××××功夫扇比赛报名表

序　号	学　号	姓　名	院　系	本人签名
1（组长）				
2				
3				
4				
5				
6				

组长联系电话：

附：填写报名表即同意主办方无偿使用运动员照片、录制比赛视频用于宣传和发展功夫扇运动。最终解释权归主办方所有。

填表日期：　年　月　日

5. 遵守规则和纪律

参赛者必须遵守比赛规则和纪律。他们应该具备良好的职业道德和竞技精神，尊重裁判和其他参赛者，遵从裁判的指示和判决。任何违反规则和纪律的行为都将受到相应的处罚，包括但不限于取消比赛资格、禁止参加未来比赛等。

（二）技术要求和评定标准

为确保功夫扇竞赛中，裁判能够公正、准确地评定参赛者的表现，以下是关于技术要求和评定标准的详细内容。

1. 技术要求

扇开合以及手脚动作：参赛者应能够流畅自如地展开和合拢功夫扇，保持稳定的节奏和平衡。

（1）旋转：参赛者需要掌握旋转技巧，包括单手旋转、双手交替旋转等，旋转动作应准确、流畅且具有节奏感。

（2）翻转：参赛者应能够熟练进行功夫扇的翻转动作，包括前翻、后翻、侧翻等，动作应准确、稳定且具有连贯性。

（3）挥舞：参赛者需要展示出挥舞功夫扇的技巧，包括舞蹈般的优美动作、变化多样的扇形路径等，动作应具有力度和韵律感。

2. 技术难度

（1）技术组合：参赛者可以通过将多个技术动作组合在一起展示出高难度的技巧。这可以包括连续的旋转、翻转和挥舞动作，要求动作之间的转换流畅、自然。

（2）创新性：参赛者可以尝试创新的技术动作，展示出个人风格和独特的扇舞技巧。创新性动作的难度和表现将得到相应的加分。

3. 表现与艺术性

（1）节奏感：参赛者应能够准确把握节奏，与背景音乐或伴奏的节拍相协调，展示出流畅而有力的扇舞动作。

（2）表情与气质：参赛者的表情和气质应与所表演的功夫扇动作相

匹配，能够传达出舞台上的个人魅力和情感。

（3）舞台利用：参赛者需要合理利用舞台空间，展示出动作的多样性和舞蹈的美感。

4.评定标准

（1）技术难度与准确性：评委将根据参赛者展示的技术难度和动作的准确性进行评定。难度较高的技术动作和准确执行的动作将得到更高的评分。

（2）节奏感和表现力：评委将评估参赛者的节奏感和舞台表现力。准确的节奏感和出色的表演能够为参赛者赢得更高的分数。

（3）创新性和个人风格：评委将重视参赛者展示的创新性技巧和个人风格，这将对评分产生积极影响。

（4）整体印象：评委会综合考虑参赛者的整体表现，包括技术水平、舞台表现力、艺术性和表达能力等因素，给予综合评分。

具体的评分细则可以参照以下范例：

评分细则

序号	评分内容	分值（分）	要　　求	评 分 标 准
1	基本动作	70	1. 选择其中一组指定动作 2. 自选动作 3. 主办方指定队形	1. 动作规范度 2. 动作完成度 3. 精神面貌
2	附加动作	5	主办方要求的附加动作	1. 动作规范度 2. 动作完成度 3. 精神面貌
3	国风精粹	5	1. 服装能体现传统中国文化 2. 比赛用扇符合传统体育特色	1. 服装整齐有特色3分 2. 比赛用扇与服装协调1分 3. 妆容精致干净1分
4	舞乐韵律	5	主办方指定音乐	1. 节奏韵律3分 2. 扇乐和谐1分 3. 刚柔并济1分

（续 表）

序号	评分内容	分值（分）	要　　求	评　分　标　准
5	大众评审	10	/	1. 整体视觉观感 2. 临场发挥
6	线上人气	5	正式比赛前两周以线上投票方式进行	按照票数进行评分
	总分	100		

（三）选手报名和准备工作

参赛选手需要按照比赛规定进行报名和准备工作，以下是一般性的参赛准备工作的详细内容。

1. 报名

关注比赛公告。选手需要密切关注比赛的官方公告和通知，了解报名时间、方式和所需材料等信息。

填写报名表格。选手需要按照要求填写完整的报名表格，提供个人基本信息、联系方式等。

缴纳报名费用。一些比赛可能需要缴纳报名费用，选手需要按照规定的方式完成付款。

2. 准备舞蹈节目

选择舞蹈节目。选手需要根据比赛的要求和自身特长选择适合的舞蹈节目，可以是现有的经典扇舞曲目，也可以是创编的原创作品。

制定节目计划。选手需要制定详细的节目计划，包括舞蹈动作的顺序、过渡、编排等，确保整个节目的连贯性和流畅性。

排练舞蹈动作。选手需要进行反复的舞蹈排练，练习舞蹈动作和扇子的运用技巧，力求动作准确、舞姿优美。可以寻求舞蹈教练或老师的指导和帮助。

3.服装和道具准备

选择合适的舞蹈服装。选手需要根据舞蹈节目的风格和主题选择合适的舞蹈服装，确保舞蹈表演的整体效果。

准备扇子和道具。选手需要准备适当的扇子和其他道具，配合舞蹈节目的需要。确保扇子的质量良好，操作灵活，与舞蹈动作相协调。

4.考虑音乐和舞台布置

选择背景音乐。选手需要选择适合舞蹈节目的背景音乐，与舞蹈动作相协调，能够凸显节目的氛围和情感。音乐可与队形变化相结合。考虑舞台布置，选手可以根据自己的创意和舞蹈节目的特点，设计舞台布置和舞台道具的搭配，以增强表演效果。

音乐表

1. 精忠报国 （动作 A 指定音乐）

2. 御剑江湖 （动作 B 指定音乐）

3. 芒种 （动作 C 指定音乐）

队形表

参赛队伍需根据本队参赛人数选择主办方提供的队形表中的一种队形进行参赛。

	普通队形	升级队形
四人组		
五人组		
六人组		

比赛音乐和队形参考

5. 心理准备

树立自信心。选手需要培养自信心，相信自己的实力和前期所做的准备工作，以积极姿态面对比赛的挑战和压力。

控制紧张情绪。选手可以通过冥想、深呼吸等方法，控制自己的紧张情绪，保持冷静和专注。

模拟演出体验。选手可以在排练过程中有意识地模拟比赛场景，模拟演出时的情感表达和与观众的互动。

八、表演类项目评分标准和评委要求

（一）技术动作和表演风格评分

技术动作和表演风格是功夫扇竞赛中评判参赛者表现的重要方面。以下是详细的评分标准和评委要求。

1. 技术动作评分

（1）扇开合（10分）：

－0分：无法展开或合拢扇子。

－5分：基本能够顺畅地展开和合拢扇子，但动作不够流畅。

－10分：完美展开和合拢扇子，动作流畅、稳定且对扇子开合的角度等具有良好的控制能力。

（2）旋转（20分）：

－0分：无法旋转扇子或旋转动作不准确。

－10分：能够进行基本的单手旋转动作。

－20分：能够进行双手交替旋转、连续旋转等复杂的旋转动作，动作准确、流畅且具有节奏感。

（3）挥舞（20分）：

－0分：无法挥舞扇子或挥舞动作不准确。

－15分：能够进行基本的挥舞动作，但缺乏力度和韵律感。

－30分：能够展示出舞蹈般的优美动作、变化多样的扇形路径，具有力度、韵律感和舞台表现力。

2. 表演风格评分

（1）节奏感和音乐配合（20分）：

－0分：无法与背景音乐或伴奏的节拍相协调。

－10分：能够与音乐节奏基本协调，但缺乏流畅性。

－20分：能够准确把握节奏，与音乐或伴奏紧密配合，呈现出流畅而有力的扇舞动作。

（2）表情和气质（20分）：

－0分：表情和气质与扇舞动作不符，无法传达出个人魅力和情感。

－10分：能够基本与扇舞动作相匹配，但缺乏表现力。

－20分：表情和气质与扇舞动作相协调，能够传达出舞台上的个人魅力和情感。

（3）舞台利用和创新（10分）：

－0分：无法合理利用舞台空间，动作单一、缺乏创新。

－5分：能够基本利用舞台空间，但缺乏多样性和创新性。

－10分：能够充分利用舞台空间，展示出动作的多样性和创新性。

（二）舞台表现和艺术表达评分

舞台表现和艺术表达是功夫扇比赛中另一个重要的评分方面。以下是详细的评分内容：

1. 舞台表现

（1）舞台布置（10分）：评估舞台背景、灯光等布置是否与表演主题相符，是否能够营造出适合扇舞表演的氛围。

（2）舞台移动和协作（20分）：评估参赛者在舞台上的移动和协作能力，包括舞姿的流畅性、舞台位置的合理利用以及与其他参赛者的配合是否协调。

（3）姿态和身体语言（20分）：评估参赛者的姿态、身体语言和姿势的准确性、舒展度以及与扇舞动作的协调性。

2. 艺术表达

（1）故事性和情感表达（20分）：评估参赛者是否能够通过扇舞动作和表情传达故事情节或情感，以及他们对音乐和节奏的感知和表达能力。

（2）音乐选择和配合（15分）：评估参赛者对音乐的选择是否与表演主题相符，以及他们在扇舞动作中与音乐的配合度。

（3）创新和个人风格（15分）：评估参赛者在扇舞动作和表演风格上的创新性和个人特色，包括独特的扇舞技巧、舞蹈元素的融入以及个人表演风格的突出。

（三）评委的专业素养和公正性

功夫扇比赛评委的专业素养和公正评判是确保比赛公平性和准确性的重要保障。以下是关于评委的专业素养和公正评判的详细内容：

1. 专业素养

功夫扇专业知识：评委应具备对功夫扇的深入了解和专业知识，包括功夫扇的起源、发展历程、不同风格和技巧等方面的知识。

舞蹈技巧：评委应具备扎实的舞蹈技巧，包括舞姿、舞步、身体控制、姿态和舞台表现等方面的技巧。

音乐理解和感知：评委应对音乐有深入的理解和感知能力，能够准确评估参赛者对音乐的配合和表达能力。

表演艺术知识：评委应对表演艺术有一定的了解，包括舞台布置、灯光效果、情感表达和故事性表演等方面的知识。

2. 公正评判

客观公正：评委应以客观、公正的态度评判参赛者的表演，不受个人喜好、偏见或其他因素的影响。

全神贯注：评委应全神贯注地观看每位参赛者的表演，不漏掉任何细节，确保评判的准确性。

评分一致性：评委应与其他评委进行交流和讨论，确保评分的一致性，避免评分差异过大。

专业判断：评委应根据自身的专业素养和经验，准确判断参赛者的舞台表现和艺术表达水平。

公开透明：评委的评分应当公开透明，确保参赛者和观众对评分过程和结果有清晰的了解。

九、赛制和时间安排

（一）单人比赛和团体比赛

功夫扇是一项富有艺术性和技巧性的传统武术项目，它结合了舞蹈和武术的元素，展现了扇的独特魅力和运用。为了丰富功夫扇的学习和推广，可以设立单人比赛和团体比赛两种形式，以展示选手们的功夫扇表演和团队合作。

1. 单人比赛形式

单人比赛旨在评估选手的个人技巧、艺术表现和创造力。比赛设置如下：

分组赛：根据报名人数，将选手分为若干小组进行分组赛。每组的选手进行同组内的比拼，以展示个人扇艺。

初赛：分组赛后，每组的前几名选手晋级初赛。初赛中，选手将进行更为复杂和高难度的扇艺动作和组合展示，以展示他们的技巧水平和艺术表现。

决赛：初赛结束后，初赛中表现出色的选手将晋级决赛。决赛是单人比赛的最高级别，选手将进行更为精彩和高水平的扇艺表演，以争夺冠军的荣誉。

评判标准：评判标准将综合考虑选手的技巧、动作连贯性、舞蹈表现力、创新程度和音乐配合等因素。评委将根据扇艺表演的难度、精准度、流畅度、创意和整体效果进行评分。

2. 团体比赛形式

团体比赛旨在展现各参赛团队的合作和整体表现，强调团队的协作能力和扇艺表演的完整性。比赛设置如下：

团体规模：每个团队由多名选手组成，团队规模不少于4人，不超过10人。

扇艺编排：每个团队根据自己的编排和创意，进行扇艺表演的组合和配合。团队成员之间的协作和默契将在表演中得到充分展现。

初赛：所有报名的团队将进行初赛，以展示他们的团队协作能力和整体表现。初赛结束后，初赛中表现出色的团队将晋级决赛。

决赛：决赛是团体比赛的最高级别，晋级的团队将进行更为精彩和高水平的扇艺表演。团队的编排、表演的整体效果、协作默契将成为评判的重要参考。

评判标准：评判标准将综合考虑团队的协作、编排的创意和难度、整体表演的精准度、舞台效果和舞蹈表现力等因素。评委将根据团队表演的整体效果、协作默契、创意和整体表现进行评分。

单人比赛和团体比赛是功夫扇比赛的两种形式。单人比赛注重评估选手的个人技巧、艺术表现和创造力，通过分组赛、初赛和决赛的环节来选拔出最优秀的选手。团体比赛则强调团队的协作能力和扇艺表演的整体完整性，团队成员之间的默契和编排的创意将成为评判的重要考量因素。评判标准将根据选手或团队的技巧水平、舞蹈表现力、创意和整体效果来评分。

比赛的时间安排将根据参赛人数和比赛形式进行调整，确保比赛能够公平、高效地进行。详细的赛程安排和相关规定将提前向参赛选手和团队公布，以确保他们有足够的时间准备和参与比赛。通过这样的赛制和时间安排，我们期望能够充分展示功夫扇的魅力和选手们的扇艺表演，同时促进交流和推广功夫扇的发展。

（二）初赛、复赛和决赛的流程

初赛、复赛和决赛是功夫扇比赛中的重要环节，它们构成了比赛的不同阶段，旨在筛选出最出色的选手和团队。以下是初赛、复赛和决赛的流程及其重要环节的详细描述。

1. 初赛流程

初赛是功夫扇比赛的第一轮选拔，旨在初步评估选手的技巧水平和艺术表现。初赛流程如下：

报到和准备：选手在指定时间和地点报到，并完成相关的报名手续。同时，选手还需准备好他们的扇艺表演，包括动作组合、编排和音乐配合等。

抽签和分组：为了保证比赛的公平性，每个选手将进行抽签，确定他们的出场顺序。根据报名人数，选手将被分为若干小组进行比赛。

扇艺表演：每位选手按照抽签顺序进行扇艺表演。他们将展示个人技巧、舞蹈表现力和创造力，以吸引评委和观众的注意。

评委评分：评委将根据选手的扇艺表演进行评分。评分标准包括技巧水平、动作连贯性、舞蹈表现力、创新程度和音乐配合等因素。每位选手的评分将根据评委的意见综合计算。

晋级名单公布：初赛结束后，将根据评委的评分确定晋级名单。通常，每个小组的前几名选手将晋级复赛。

2. 复赛流程

复赛是初赛晋级选手进一步展示扇艺表演的机会，以选拔出更具实力的选手进入决赛。复赛流程如下：

编排和准备：晋级复赛的选手将有更多的时间来完善他们的扇艺表演。他们可以调整和改进动作组合、编排和音乐配合，以提升整体效果。

扇艺表演：在复赛中，每位选手将再次进行扇艺表演。他们可以选择继续展示初赛的节目，或者准备全新的表演内容，以展现他们的进步和创新。

评委评分：评委将再次根据选手的表演进行评分。在复赛中，评委的评分标准与初赛类似，重点考察选手的技巧水平、舞蹈表现力、创意和整体效果。

晋级名单公布：复赛结束后，将根据评委的评分确定晋级名单。通常，评分排名靠前的选手将晋级决赛。

3. 决赛流程

决赛是功夫扇比赛的最高级别，汇集了前一个阶段表现出色的选手，旨在评选出冠军。决赛流程如下：

最终准备：进入决赛的选手将有更多的时间来完善他们的扇艺表演，并进行最后的彩排和调整。他们将努力展现出最佳状态和最高水平的表演。

扇艺表演：在决赛中，每位选手将进行最后一次的扇艺表演。他们将尽力展示他们的技巧、创意和舞蹈表现力，以争夺冠军的荣誉。

评委评分：评委将对每位选手的表演进行终审评分。他们将综合考虑选手的技巧水平、创意、舞蹈表现力、音乐配合和整体效果等因素，以确定最终的评分。

决赛晚会：在决赛结束后，通常会举办一场盛大的决赛晚会，以庆祝比赛的成功举办和表彰优秀选手。晚会上可能会有其他形式的表演、颁奖典礼和嘉宾演讲等环节。

颁奖和闭幕：决赛晚会的最后，将公布并颁发冠军、亚军、季军和其他奖项。颁奖环节也标志着比赛的正式结束。选手和观众将共同见证比赛的圆满落幕。

初赛、复赛和决赛的流程是功夫扇比赛中的关键环节，通过不同阶段的选拔和评审，最终评选出最优秀的选手和团队。这一流程不仅提供了展示选手才华的舞台，也促进了选手之间的学习和交流。同时，比赛的成功举办也带动了功夫扇艺术的发展和推广，为更多人了解和喜爱功夫扇提供了机会。通过初赛、复赛和决赛的过程，选手们不断提升自己的技艺，展示出独特的风采，为观众呈现了一场精彩绝伦的艺术盛宴。

（三）比赛时长和节目要求

比赛时长和节目要求是初赛、复赛和决赛中需要严格遵守的规定，旨在确保比赛的公平性和流程的顺利进行。以下是关于比赛时长和节目要求的详细描述。

1. 比赛时长

比赛时长是指选手在扇艺表演中所允许的时间范围。为了保证比赛的公平性和高效性，通常会规定每位选手的表演时长。比赛时长的设定可能因比赛级别、参赛人数和比赛日程等因素而有所不同。

在初赛中，由于选手较多，为了确保比赛的顺利进行，每位选手的表演时长通常较短，一般控制在2—5分钟。这样可以使每位选手都有充足的时间展示自己的技巧和艺术表现力，同时也能避免使比赛时间过长。

在复赛和决赛中，由于选手已经经过初赛的筛选，表演时长可能会相应延长，一般在5—10分钟。这样可以给选手更多的空间展示他们的扇艺技巧和创造力，同时也能更好地展现他们的整体表演能力。

比赛时长的设定是为了保证比赛的公平性和效率，同时也考虑到观众的体验和节目的流畅度。选手需要充分利用规定的时间，展示自己的才华和独特之处，给评委和观众留下深刻的印象。

2. 节目要求

除了比赛时长，比赛中还会有一些节目要求，以确保选手的表演具备一定的标准和质量。以下是常见的节目要求：

（1）技巧要求：选手的扇艺表演应该包含一定的功夫扇技巧。这些技巧可以包括旋转、折叠、翻转、挥舞等动作，选手需要展示出对这些技巧的掌握和灵活运用。

（2）舞蹈表现力：选手的表演应该具备一定的舞蹈表现力。他们需要通过舞姿、身体语言、表情和肢体动作等方式，传达出舞蹈的美感和情感。舞蹈表现力的好坏将直接影响到选手的整体评价。

（3）创新和独特性：在扇艺表演中，创新和独特性也是重要的要求。选手可以通过编排独特的动作组合、运用特殊的音乐配合、展示个人风格和创意等方式，使自己的表演与众不同，给人留下深刻印象。

（4）音乐配合：音乐配合是扇艺表演中的重要组成部分。选手需要选择适合自己表演的音乐，并合理运用音乐的节奏、情感和节拍，与扇艺动作相协调，使整个表演更加生动和有力。

（5）服装和化妆：选手在表演中的服装和化妆也需要符合比赛要求。通常会要求选手穿着整齐、得体的舞蹈服装，并进行适当的化妆，以增强表演的视觉效果和舞台形象。

（6）安全和道德要求：比赛中还会有一些安全和道德要求，选手需要遵守。例如，不得使用危险的道具或动作，不得有攻击性或侮辱性的表演内容，不得损害他人或自身的安全等。

这些节目要求的设定旨在提高比赛的质量和观赏性，同时也是对选手技艺和综合实力的考验。选手需要在比赛中全面展示自己的扇艺技巧、舞蹈表现力和创新能力，同时保持良好的形象和专业的态度。

比赛时长和节目要求是为了确保比赛的公平性、高效性和观赏性而设定的规定。选手需要在规定的时间内展示出对技巧的掌握和灵活运用，具备舞蹈表现力和独特性，同时遵守安全和道德要求。通过遵守这些要求，选手可以在比赛中展现出自己的才华和实力，给评委和观众留下深刻的印象。

十、比赛器械和服装规定

功夫扇比赛中，器械和服装规定对于比赛的整体效果和选手的形象具有重要影响。在器械方面，选手通常被要求使用标准的功夫扇，现状一般为正方形或长方形，扇面由轻薄的丝绸或纸制成，以便展示技巧性和灵活性。扇子的质量也要符合一定标准，质地不能过于脆弱、易损坏，也不可过于沉重、影响表演效果。在服装方面，选手需要穿着整齐、得体的舞蹈服装，展现舞蹈的美感和优雅。舞蹈鞋应该舒适、稳定和灵活，适合各种技巧和动作的展示。化妆和发型要符合舞台表演的要求，突出选手的特点和舞蹈形象。配饰的选择应与服装协调，不过分夸张。服装的颜色和风格应根据比赛主题和选手的表演风格选择，一般鲜艳明亮，能够吸引观众的目光。这些器械和服装规定旨在提高比赛的质量和观赏性，同时对选手的形象和专业性有要求。选手需要遵守规定，选择适合的器械和服装，展现扇艺技巧和舞蹈表演能力，通过合理的搭配展示个人风格和艺术魅力，给评委和观众留下深刻印象。

（一）扇子类型和尺寸要求

功夫扇比赛中，扇子的类型和尺寸对于选手的表演和比赛效果至关重要。以下是有关功夫扇扇子类型和尺寸的规定。

1. 扇子类型

在功夫扇比赛中，通常要求选手使用标准的扇作为器械。功夫扇所用扇是一种特殊设计的扇子，具有适合表演和技巧展示的特点。扇子的扇面通常由轻薄的丝绸或纸制成，以便于灵活运动和展示各种技巧。其特殊设计使得选手能够轻松地进行翻转、旋转、摆动等动作，展现出独特的舞蹈风格和技巧。

2. 扇子尺寸

功夫扇扇子的尺寸在比赛中也有一定的规定。标准的功夫扇尺寸，其长宽通常在30厘米至40厘米之间，具体尺寸可能会根据比赛组别和级别的不同而有所调整。选手可以根据自身的身高和手掌大小选择适合的扇子尺寸，以便更好地掌握扇子，并展示出精妙的技巧和流畅的动作。

对扇子的类型和尺寸做出规定，旨在确保比赛的公平性和选手的表演效果。有了标准的功夫扇设计和尺寸，就能为选手提供适当的器械，从而让他们展现独特的技巧和舞蹈风格。选手需要遵守这些规定，并选择符合要求的扇子类型和尺寸，以确保比赛的顺利进行，同时，要努力拿出最佳的表演状态。

（二）服装风格和形象塑造要求

功夫扇比赛中，服装风格和形象塑造是非常重要的，它们能够为选手的表演增添魅力，提升整体效果。以下是关于功夫扇比赛的服装风格和形象塑造要求的详细描述。

1. 舞蹈服装

在功夫扇比赛中，选手的服装应符合舞蹈表演的要求。舞蹈服装应该整齐、得体，并能够展现选手的个人特点和舞蹈风格。通常情况下，舞蹈服装会选择鲜艳明亮的色调，以突出选手的形象和动作。同时，服装的设计应考虑到舞蹈动作的需求，以便选手能够自由舒展身体，展示出优雅和灵活的舞姿。

2. 舞蹈鞋

在功夫扇比赛中，舞蹈鞋也是关键因素之一。选手需要穿着合适的舞蹈鞋。舞蹈鞋应具备舒适度、稳定性和灵活性，以便选手能够在舞台上进行各种技巧和动作的展示。舞蹈鞋的选择通常取决于选手的个人喜好和比赛的要求。一般来说，舞蹈鞋可以是平底或有一定高度的舞蹈鞋，选手需要根据自己的舞蹈风格和舞蹈动作的需求来选择最合适的舞蹈鞋。

3. 化妆和发型

选手在比赛前需要进行适当的化妆，以塑造更加完整的形象。化妆应符合舞台表演的要求，突出选手的特点和舞蹈形象。妆容可以强调眼部和嘴唇的轮廓，需要适应舞台灯光的照射效果。发型应整齐、得体，不得妨碍选手的视线或影响表演动作。发型的选择应考虑与服装和舞蹈风格的协调性，以便呈现出更加统一和谐的形象。

4. 配饰

选手在比赛中可以适当穿戴一些配饰，如耳环、项链、手镯等。配饰的选择应与舞蹈服装相协调，不过分夸张，以保持整体形象的统一和谐。配饰可以为选手的形象增添亮点，但不应过于烦琐，以免分散观众的注意力，减弱对舞蹈本身的关注。

5. 颜色和风格

服装的颜色和风格在功夫扇比赛中也是非常重要的。颜色的选择应根据比赛的主题和选手的表演风格来确定。一般来说，服装的颜色应鲜艳明亮，能够吸引观众的注意力，并与舞蹈表演形成良好的视觉效果。同时，服装的风格也应与选手的舞蹈风格相匹配，可以是传统的、现代的，或者是融合了多种元素的风格，以展示出选手的个人特色和舞蹈艺术的魅力。

选手需要根据比赛要求和自身特点，选择适合的舞蹈服装、舞蹈鞋和配饰。通过合理的化妆和发型，以及精心搭配的颜色和风格，塑造出独特而吸引人的形象。这样能够提升选手的表演效果，给评委和观众留下深刻印象，使比赛更具观赏性和专业性。

（三）音乐伴奏的规定

音乐伴奏对于塑造舞台氛围和强调表演主题至关重要。结合国风音乐作为功夫扇比赛的音乐伴奏，可以为选手的表演增添独特的韵味和文化内涵。以下是有关结合国风音乐的音乐伴奏规定。

1. 音乐风格

结合国风音乐的音乐伴奏应具有浓厚的中国传统音乐特色。它可以融合传统乐器、如古筝、琵琶、二胡等，以及现代乐器，如钢琴、小提琴等。音乐的编曲和演奏风格应展现出中国古典音乐的韵律美和独特的旋律。

2. 融入古诗词

音乐伴奏可以将古诗词融入其中，以增添文化内涵和深度。选手的舞蹈动作和表演可以与古诗词的意境和情感相呼应，营造出一种古典而优雅的氛围。通过古诗词的引用，音乐伴奏能够更好地展现中国传统文化的魅力和深度。

3. 国风韵律

音乐伴奏应具有国风韵律，即中国传统音乐的独特节奏和韵律感。国风韵律通常具有稳定而优雅的节拍，能够引导选手的舞蹈动作和表演。通过融入国风韵律，音乐伴奏能够更好地呈现中国传统文化的独特魅力和韵味。

4. 融合现代元素

尽管结合国风音乐，音乐伴奏也可以适度地融合现代元素，以增添时代感和活力。例如，可以在传统乐器和编曲中加入现代的电子音效或鼓点，以创造出更具现代感的音乐氛围。

5. 音乐质量和完整性

音乐伴奏的音质和音量应适中，既不过于喧闹，也不过于模糊。音乐的编曲和演奏应精细而完整，以确保选手的舞蹈动作和表演能够与音乐紧密结合，形成整体的节奏和协调。

结合国风音乐作为功夫扇比赛的音乐伴奏，能够为选手的表演增添独特的韵味和文化内涵。音乐风格应具有中国传统音乐的特色，融合古诗词和国风韵律，以展现中国传统文化的魅力。同时，适度地融合现代元素，可以增添音乐的时代感和活力。音乐质量和完整性也是音乐伴奏中需要重视的方面，确保选手的舞蹈动作和表演能够与音乐紧密结合，形成整体的协调和美感。

2024年松江大学城功夫扇比赛评分规则及打分表

一、评分规则：本次功夫扇比赛采用国家体育总局武术管理中心制订的最新《武术竞赛规则》，按照本届大联赛的特点制定相关竞赛规则。

二、评分方法：5名裁判分参赛队伍打分，5名裁判得分相加后除以5取得该队伍最后得分。

三、评分标准：每个比赛项目满分为10分，其中动作规格分值5分，演示水平分值4分。其他附加项1分。

（一）动作规格评分标准：动作规格扣分累计不超过4分（含4分）。

A. 规格错误扣分

1. 凡功夫扇动作错误及手型、步型、身型、手法、步法、腿法、平衡、扇子持握方法等不符合功法规格要求的，每出现一次扣0.1分。

2. 同一错误在同一动作中出现多次、同一动作出现多种错误或多人次在同一动作中出现错误，累计扣分最高为0.4分。

3. 竞赛中，凡要求静止2秒的动作，时间不足扣0.1分。

B. 动作失误扣分

1. 每出现一次身体晃动、脚移动、跳动扣0.1分；每出现一次器械脱手、触地，服饰影响动作扣0.1分。

2. 每出现一次附加支撑扣0.2分。

3. 每出现一次倒地、器械掉地扣0.3分。

4. 每出现一次遗忘现象，根据不同程度，扣0.1—0.3分。

（二）演示水平评分标准

A. 整体质量

1. 动作质量

动作姿势、动作幅度、动作路线、动作起止点和持扇方法符合功夫扇动作要求。动作与队形整齐，动作与背景音乐和谐一致。

2. 演练质量

劲力顺达、虚实分明、动作协调。呼吸顺畅、意念集中，眼神运用符合功夫扇动作要求。

B. 风格特征

整套动作演示充分体现功夫扇的主要风格特征：刚柔相济，旋转屈伸，虚实相兼，形神合一。

（三）附加项

附加项分数包含服装、队形、扇子等和功夫扇传统文化元素相关的内容。

附录 2

运动员参赛安全承诺书

为保证2024年松江大学城功夫扇联赛顺利进行，各参赛运动员须签署安全责任承诺书，有关事项如下：

1. 参赛之前已充分了解自身身体情况以及所参加项目可能存在的风险，并确保身体健康可以完成比赛。禁止隐瞒个人实际情况（病史、身体状况及其他状况），并确认自己的健康状况良好，能够安全参与比赛否则出现事故，后果自负。

2. 各参赛队伍与参赛运动员自觉遵守本次比赛的所有规则规定，做到文明参赛、安全参赛。如在参赛过程中发现任何风险或潜在风险，应立即暂停比赛并及时报告组委会。

3. 所有参赛队伍须全程听从主办方相关安排，禁止各队伍擅自行动。

4. 友谊第一，比赛第二。比赛过程中尊重对手，尊重裁判，服从裁判判决，不得扰乱赛场秩序，不得打架斗殴，不得辱骂裁判及对手。若因参赛队员个人行为导致出现不良后果，将上报严肃处理。

5. 比赛期间，若因参赛队员行为导致出现任何扰乱比赛进程的情况，主办方有权根据具体情况取消参赛队伍或运动员个人的参赛资格及成绩。

6. 本着参赛队员安全第一的原则，参赛队员应量力而为，比赛期间若发生意外情况不适宜继续参加比赛，参赛队员可申请终止比赛。

7. 所有参赛队伍一经报名，不得无故弃赛，若有特殊原因无法继续参赛，可由领队提前向主办方提出书面申请。

8. 安全注意事项，参赛者在比赛或训练前应做好热身运动，避免因热身不足对自身造成运动伤害，并在比赛中注意安全，避免大幅度的犯规动作，防止对自己和其他队员造成不必要的伤害。

9. 参赛者同意接受主办方在比赛期间提供的现场急救性质的医务治疗，但在医院救治等发生的相关费用由本人负担。

10. 责任承担，参赛者已认真阅读并全面理解以上内容，对上述所有内容予以确认并承担相应的法律责任。签署此承诺书纯属自愿。

11. 未尽事宜，请关注后续通知。

以上所有事宜每位参赛运动员均已悉知，并签字确认。

运动员签字：

年　月　日

注：请将承诺书打印一份，所有运动员手写签字后交赛事主办方留存。

附录3

松江大学城功夫扇联赛裁判邀请函

尊敬的   先生：

您好！

我们诚挚地邀请您担任将于 2024 年 11 月 23 日（星期六）在松江大学城举行的功夫扇联赛的裁判。

本次功夫扇联赛是松江大学城的一项重要体育赛事，吸引了大学城各高校的功夫扇团队和爱好者参与。作为一项融合了传统文化与体育竞技精神的活动，我们致力于为选手们提供一个公平、公正、公开的比赛环境，而您在相关领域的卓越专业素养和丰富经验，使我们坚信您是担任本次比赛裁判的最佳人选。

您的出席将为本次赛事增添重要的专业性和权威性，我们相信在您的公正评判下，比赛能够顺利进行，每位选手的实力都能得到准确的评估。

在此，我们衷心期待您能够接受我们的邀请。若您有任何疑问或需要进一步了解赛事详情，请随时与我们联系。

主办方：上海视觉艺术学院

2024 年 11 月 15 日

附录 4

致松江大学城功夫扇联赛裁判员的一封感谢信

尊敬的   老师：

    您好！

    在松江大学城功夫扇联赛即将开始之际，我们怀着无比诚挚的心情向您表达最深切的感谢。

    您的专业素养和敬业精神，不仅是本次联赛成功举办的坚实保障，更是所有参与者学习的榜样。您的辛勤付出，如同明亮的灯塔，照亮了功夫扇联赛的赛场，让中华传统文化在公正有序的氛围中得以精彩呈现。

    再次衷心感谢您的支持与奉献，期待未来还有机会与您携手合作，共同推动传统体育文化的传承与发展。

附录
5

中国武术协会审定的
《传统武术套路竞赛规则》（摘录）

礼仪运动员听到上场点名时、完成比赛套路后和裁判长宣布最后得分时，应向裁判长行抱拳礼。

等级奖项的评定

个人项目、对练项目、集体项目分别设一、二、三等奖。确定获奖等级的方法是按各项最后得分多少排序，各奖项的比例由竞赛规程规定。

第二十条　集体表演项目的评定

一、集体表演项目奖项设一、二、三等奖。

确定获奖等级的方法是按得分的多少排序，各奖项的比例由竞赛规程规定。

二、集体表演项目也可设置其他特别奖项。

集体表演项目设置的特别奖项由竞赛规程规定。

第二十一条　套路完成时间的规定

一、个人项目和对练项目

完成套路时间为 50 秒至 2 分钟（太极拳、剑和功法项目除外），运动员演练至 1 分 30 秒时，由裁判长鸣哨提示。

二、太极拳项目

（一）太极拳项目：完成套路时间为 4—6 分钟，运动员演练至 4 分钟时，由裁判长鸣哨提示。

（二）太极剑项目：完成套路时间为 3—4 分钟，运动员演练至 3 分钟时，由裁判长鸣哨提示。

三、功法项目：完成套路时间为 2—4 分钟，运动员演练至 2 分 30 秒时，由裁判长鸣哨提示。

四、集体项目：完成套路时间不得超过 4 分钟。

五、集体武术综艺表演项目：完成套路时间不得超过 6 分钟。

六、运动员比赛时完成套路的时间以裁判组的秒表所计的时间为依据。运动员比赛时裁判组用 2 块秒表计时。当运动员完成套路的时间不符合有关规定，同时裁判组的 2 块秒表所计时间又不相同时，以较接近规定时间的 1 块秒表所计时间为准。

七、根据竞赛性质和竞赛内容的不同，可在规程中对完成套路时间做出相应的规定。

第二十二条　集体项目人数的规定

集体项目不少于 6 人，集体表演项目人数不限或按照竞赛规程规定。

第二十三条　配乐

一、配乐项目按规程规定执行。

二、凡配乐项目必须使用纯音乐，音乐主题与套路主题相和谐。

三、动作开始的前奏曲和动作结束后的音乐尾声，须控制在 15 秒以内；音乐须使用光盘或 MP3 播放器录制，比赛音乐须独立录制和备份。

四、各代表队须在配乐项目比赛前第一次检录时，将本队音乐光盘或 MP3 播放器进行检录，交至放音员处，并配合放音员完成本队比赛音乐播放。

第二十四条　未完成套路规定

运动员未完成比赛套路不予评分。

第二十五条　重做

运动员因主客观原因造成比赛套路中断，可以申请重做一次。

重做项目可安排在该类项目最后一名上场，若出现最后一名选手重做，则允许休息5分钟后上场。

第二十六条　服装

一、裁判员应穿统一的武术裁判服装。

二、运动员可穿具有运动特色、项目特色、民族特色、时代特色的适合于武术运动的比赛服装和武术鞋。

三、规程可以根据竞赛性质、内容，统一规定运动员的比赛服装。

第二十七条　竞赛场地

一、个人项目和对练项目的竞赛场地为长14米，宽8米，场地四周内沿应标明5厘米宽的白色边线，场地的长和宽均由边线的外沿开始计算。场地周围至少有2米宽的安全区域。

二、集体项目的竞赛场地为长16米、宽14米，场地四周内沿应标明5厘米宽的白色边线，场地的长和宽均由边线的外沿开始计算。场地周围至少有1米宽的安全区域。

三、竞赛场地的地面空间高度不少于8米；两个场地之间的距离在4米以上；场地灯光垂直照度和水平照度应在规定范围之内。

四、竞赛场地应有明显场地编号标志；场地周围应设置仲裁录像和电子示分屏的位置；场地一侧设置裁判席。所有设置均应保持与场地边线2米以上距离。

五、裁判席右侧后方运动员临场处，应设置2—4名运动员临场席。

第二十八条　比赛器械

可以使用任何武术器械或由规程规定的器械。

第二十九条　其他比赛设备

根据竞赛规模大小和需要配备摄像机、放像机、电视机和音响设备。

第四章 评分方法与标准

第三十条 竞赛项目评分方法与标准

一、各项目比赛的满分为10分。

二、评分方法

（一）裁判员根据运动员现场技术演练发挥的水平，与"等级评分总体要求"的相符程度，按照评分的等级标准，并与其他运动员进行比较，确定运动员等级分数。在此基础上，减去"其他错误"的扣分即为运动员的得分。裁判员评分可到小数点后2位数，尾数为0～9。

（二）应得分数的确定

3名裁判员评分时，取3名裁判员评出的运动员得分的平均值为运动员的应得分；4名裁判员评分时，取中间2名裁判员评出的运动员得分的平均值为运动员的应得分；5名裁判员评分时，取中间3名裁判员评出的运动员得分的平均值为运动员的应得分。应得分可取到小数点后2位数，第3位数不做四舍五入。

（三）裁判长对评分的调整

当评分中出现明显不合理现象时，在出示运动员最后得分之前，裁判长可调整运动员的应得分。裁判长调整分数范围为0.01分至0.05分。如需调整更大幅度方可纠正明显不合理现象时，裁判长须经总裁判长同意，调整分数范围扩大为0.05分至0.1分。

（四）最后得分的确定

裁判长从运动员的应得分中减去"裁判长的扣分"，或加上"裁判长的调整分"，即为运动员的最后得分。

三、评分标准

（一）等级分的评分标准

1.技术演练综合评定评分标准

分为3档9级，其中：8.50～10.00分为优秀；7.00～8.49分为良好；5.00～6.99分为尚可。

2. 等级评分总体要求

（1）动作规范，方法正确，风格突出。运动员应表现出所演练的拳种及项目的技术特点和风格特点，应包含该项目的主要内容和技法。

（2）劲力顺达，力点准确，动作协调。通过运动员的肢体以及器械应表现出该项目的劲力、方法特点，手、眼、身、法、步配合协调，器械项目要求身械协调。

（3）节奏恰当，精神贯注，技术熟练。应表现出该项目的节奏特点。

（4）结构严密，编排合理，内容充实。整套动作应与该项目的技术风格保持一致，具有传统性。

（5）武术功法项目应动作规范、松静自然；动作规范，圆活连贯、呼吸顺畅；意念集中、风格突出；连贯圆活，速度适宜，神态自然，呼吸顺畅，意念集中，演练神韵与项目特点融合。

（6）对练项目应内容充实，结构紧凑，动作逼真，风格突出，配合严密，攻防合理。

（7）集体项目应队形整齐，应以该项目的技术为主要内容，突出该项目的风格，特点，配合默契，动作整齐划一，结构恰当，布局匀称，并富于一定的图案变化。

（8）配乐项目应动作与音乐和谐一致，音乐的风格应和该演练项目的技术风格相一致，或动作结束时音乐突然中断，缺乏完整性。

（二）裁判员执行的其他错误内容及扣分标准

1. 遗忘：扣0.1分。

2. 出界：扣0.1分。

3. 失去平衡：晃动、移动、跳动扣0.1分。

4. 器械、服装影响动作：扣0.1分。

5. 器械变形：扣0.1分。

6. 附加支撑：扣0.2分。

7. 器械折断：扣0.3分。

8. 器械掉地：扣0.3分。

9. 倒地：扣0.3分。

10. 对练项目：击打动作落空，扣0.1分；误中对方，扣0.2分；误伤对方，扣0.3分。

11. 以上错误每出现一次，扣一次；在一个动作中，同时发生两种以上其他错误，应累积扣分。

参考文献

［1］何春华.太极功夫扇在运动会开幕式表演中的运用研究［J］.商丘师范学院学报，2016，32（9）：93—95，103.

［2］李天道.中国古代美学之自由精神［M］.北京：中央编译出版社，2013.

［3］李卫东，汪晓赞.体育课程教学模式［M］.北京：高等教育出版社，2018.

［4］李泽厚.中国古代思想史论［M］.天津：天津社会科学院出版社，2008.

［5］刘丰.先秦礼学思想与社会的整合［M］.北京：中国人民大学出版社，2003.

［6］刘燕燕.校园文化视域下上海市高校功夫扇运动的推广策略研究［D］.上海师范大学，2018.

［7］彭林.中国古代礼仪文明［M］.北京：中华书局，2013.

［8］史华兹.古代中国的思想世界［M］.程钢，译.南京：江苏人民出版社，2003.

［9］杨青龙.太极功夫扇进高中校园可行性研究［J］.新课程（下），
　　2017，（4）：27—28.

［10］余英时.中国文化史通释［M］.北京：生活·读书·新知三联书店，
　　2012.

［11］张德胜.儒家伦理与社会秩序：社会学的诠释［M］.上海：上海人
　　民出版社，2008.